경상북도교육청 교육공무직원

제1회 모의고사

성명			생년월일	
문제 수(배점)	45문항		풀이시간	/ 50분
영역	직무능력검사			
비고	객관식 4지선다형			

제 1 회 경상북도교육청 교육공무직원 모의고사

각 문제에서 가장 적절한 답을 하나만 고르시오.

1. 다음 제시된 어구풀이에 해당하는 단어 또는 관용구를 고르시오.

겉으로는 드러나지 아니하고 깊은 곳에서 일고 있는 움직임

① 저류(底流)   ② 강용(强慂)
③ 이연(怡然)   ④ 경미(輕微)

2. 다음 제시된 단어의 뜻을 고르면?

귀결

① 상대방의 의견을 높이는 말
② 끝을 맺음
③ 본보기가 될 만한 것
④ 세상에 보기 드문 솜씨

3. 다음 중 ( ) 안에 들어갈 단어로 바른 것을 고르시오.

인삼은 한국 고유의 약용 특산물이었으며, 약재로서의 효능과 가치가 매우 높은 물건이었다. 중국과 일본에서는 조선 인삼에 대한 ( )이/가 폭발적으로 증가하였다. 이에 따라 인삼을 상품화하여 상업적 이익을 도모하는 상인들이 등장하였다. 특히 개인 자본을 이용하여 상업 활동을 하던 사상들이 평안도 지방과 송도를 근거지로 하여 인삼거래에 적극적으로 뛰어들었는데, 이들을 삼상이라고 하였다.

① 수요   ② 공급
③ 수출   ④ 제공

4. 다음 ( )에 들어갈 말로 적절한 것은?

정리하다 : 다스리다 = 갈라지다 : ( )

① 결합하다   ② 단결하다
③ 바라지다   ④ 홀쭉하다

5. 다음 중 단어의 관계가 다른 하나는?

① 곰 – 사자 – 코끼리
② 개나리 – 해바라기 – 코스모스
③ 크루아상 – 카스텔라 – 식빵
④ 알 – 병아리 – 닭

6. 전제가 다음과 같을 때 결론으로 올바른 것은?

• 운동을 좋아하는 사람은 등산을 좋아한다.
• 산을 좋아하는 사람은 등산을 좋아한다.
• 건강을 중요시하는 사람은 운동을 좋아한다.
• 결론 : _____

① 산을 좋아하는 사람은 운동을 좋아한다.
② 건강을 중요시하는 사람은 등산을 좋아한다.
③ 산을 좋아하지 않는 사람은 등산을 좋아한다.
④ 건강을 중요시 하지 않는 사람은 산을 좋아한다.

7. 다음 중 수진이가 가장 첫 번째로 탄 놀이기구는 무엇인가?

- 수진이는 놀이공원에서 놀이기구 A, B, C, D, E 를 한 번씩 타고 왔다.
- B를 타기 직전에 D를 탔다.
- C보다 A를 먼저 탔다.
- E를 타기 바로 전에 점심을 먹었다.
- A를 포함한 놀이기구 3개는 점심을 먹고 난 후에 탔다.

① A   ② B
③ C   ④ D

┃8~9┃ 다음 제시된 숫자의 배열을 보고 규칙을 적용하여 빈칸에 들어갈 알맞은 수를 고르시오.

8.

| 1 | 1 | 3 | 5 | 11 | 21 | ( ) | 85 |

① 37   ② 40
③ 43   ④ 46

9.

| $\frac{1}{88}$ | $\frac{3}{88}$ | $\frac{5}{88}$ | $\frac{7}{88}$ | $\frac{9}{88}$ | $\frac{(\ )}{88}$ | $\frac{15}{88}$ |

① 11   ② 12
③ 13   ④ 14

10. 2022년 카타르 월드컵을 대비하여 유력 우승 후보국 16개국을 참가시켜 단판승부에 의한 토너먼트 방식으로 시뮬레이션 게임을 하고자 한다. 대한민국이 1위를 하기 위해 치러야 하는 총 경기 수는?

① 12경기   ② 13경기
③ 14경기   ④ 15경기

11. 어느 고등학교의 학년별 학생 수는 같다. 1학년 여학생 수는 2학년 남학생 수와 같고, 3학년 여학생 수는 전체 여학생 수의 $\frac{2}{5}$이다. 3학년 여학생 수가 전체 학생수의 $\frac{b}{a}$일 때, $a+b$의 값은 얼마인가? (단, a와 b는 서로소인 자연수이다)

① 9
② 10
③ 11
④ 12

12. 다음은 ○○고등학교 A반과 B반의 시험성적에 관한 표이다. 이에 대한 설명으로 옳지 않은 것은?

분류	A반 평균		B반 평균	
	남학생 (20명)	여학생 (15명)	남학생 (15명)	여학생 (20명)
국어	6.0	6.5	6.0	6.0
영어	5.0	5.5	6.5	5.0

① 국어과목의 경우 A반 학생의 평균이 B반 학생의 평균보다 높다.
② 영어과목의 경우 A반 학생의 평균이 B반 학생의 평균보다 낮다.
③ 2과목 전체 평균의 경우 A반 여학생의 평균이 B반 남학생의 평균보다 높다.
④ 2과목 전체 평균의 경우 A반 남학생의 평균은 B반 여학생의 평균과 같다.

┃13~15┃ 다음은 어느 학급 학생 25명의 수학 성적과 과학 성적에 대한 상관표이다. 물음에 답하여라.

과학＼수학	60	70	80	90	100	합계
100				A	1	2
90			1	B		C
80		2	D	3	1	11
70	1	2	3	2		8
60	1					1
합계	2	4	9	8	2	25

13. 다음 중 A~D에 들어갈 수로 옳지 않은 것은?

① A=1
② B=2
③ C=3
④ D=4

14. 수학 성적과 과학 성적 중 적어도 한 과목의 성적이 80점 이상인 학생은 몇 명인가?

① 14명
② 16명
③ 19명
④ 21명

15. 수학 성적과 과학 성적의 평균이 90점 이상인 학생은 전체의 몇 %인가?

① 16%
② 20%
③ 25%
④ 30%

16. 길이가 Xm인 기차가 Ym인 다리에 진입하여 완전히 빠져나갈 때까지 걸리는 시간이 10초일 때, 기차의 속도는? (단, 기차의 속도는 일정하다.)

① $\dfrac{X+Y}{36}$km/h

② $\dfrac{2X+Y}{36}$km/h

③ $\dfrac{9(X+Y)}{25}$km/h

④ $\dfrac{9(2X+Y)}{25}$km/h

17. 다음에 제시된 단어와 의미가 상반된 단어는?

> 방임(坊任)

① 방치 ② 자유
③ 방종 ④ 통제

18. 다음에 제시된 단어와 비슷한 의미를 가진 단어는?

> 사리(事理)

① 이치 ② 사욕
③ 이용 ④ 사치

19. 다음 중 제시된 단어가 나타내는 뜻을 모두 포괄할 수 있는 단어는?

> 미치다 / 응하다 / 맡아 두다 / 따다

① 주다 ② 들다
③ 묶다 ④ 받다

20. 다음 중 발음이 옳은 것은?

① 아이를 안고[앙꼬] 힘겹게 계단을 올라갔다.
② 그는 이웃을 웃기기도[우 : 끼기도]하고 울리기도 했다.
③ 무엇에 홀렸는지 넋이[넉씨] 다 나간 모습이었지.
④ 무릎과[무릅과] 무릎을 맞대고 협상을 계속한다.

21. 다음 중 밑줄 친 부분의 맞춤법 표기가 바른 것은?

① 벌레 한 마리 때문에 학생들이 <u>법썩</u>을 떨었다.
② <u>실낱같은</u> 희망을 버리지 않고 있다.
③ <u>오뚜기</u> 정신으로 위기를 헤쳐 나가야지.
④ <u>더우기</u> 몹시 무더운 초여름 날씨를 예상한다.

22. 다음 중, 띄어쓰기가 잘못된 것은?

① 그는 한국대학교 문과대학 국어국문학과 1년생이다.
② 나는 그 강을 건너다가 죽을 뻔도 했다.
③ 꽃놀이를 가는 사람들이 매우 많기도 하다.
④ 저 신사는 큰 기업체의 회장겸 대표이사이다.

23. 다음 밑줄 친 단어와 같은 의미로 쓰인 것은?

> 어머니가 잔칫상을 <u>봤다</u>.

① 그는 늦게나마 손자를 <u>보게</u> 되었다.
② 손해를 <u>보면서</u> 물건을 팔 사람은 없다.
③ 찌개 맛 좀 <u>봐</u> 주세요.
④ 손님 주무실 자리를 <u>봐</u> 드려라.

|24~25| 다음에 제시된 9개의 단어 중 관련된 3개의 단어를 통해 유추할 수 있는 것을 고르시오.

24.

> 백과사전, 다육식물, 사막, 하늘, 백년초, 컴퓨터, 미세먼지, 결혼, 우유

① 장미 ② 선인장
③ 어린왕자 ④ 해녀

25.

어깨, 뿌리, 자동차, 기류, 공, 날개, 고기, 먼지, 하늘

① 비행기   ② 지하철
③ 버스   ④ 병원

26. 다음 글의 빈칸에 들어갈 내용으로 가장 알맞은 것은?

비트겐슈타인이 1918년에 쓴 『논리 철학 논고』는 '빈학파'의 논리실증주의를 비롯하여 20세기 현대 철학에 큰 영향을 주었다. 그는 많은 철학적 논란들이 언어를 애매하게 사용하여 발생한다고 보았기 때문에 언어를 분석하고 비판하여 명료화하는 것을 철학의 과제로 삼았다. 그는 이 책에서 언어가 세계에 대한 그림이라는 '그림이론'을 주장한다. 이 이론을 세우는데 그에게 영감을 주었던 것은, 교통사고를 다루는 재판에서 장난감 자동차와 인형 등을 이용한 모형을 통해 사건을 설명했다는 기사였다. 그런데 모형을 가지고 사건을 설명할 수 있는 이유는 무엇일까? 그것은 모형이 실제의 자동차와 사람 등에 대응하기 때문이다. 그는 언어도 이와 같다고 보았다. 언어가 의미를 갖는 것은 언어가 세계와 대응하기 때문이다. 다시 말해 언어가 세계에 존재하는 것들을 가리키고 있기 때문이다. 언어는 명제들로 구성되어 있으며, 세계는 사태들로 구성되어 있다. 그리고 명제들과 사태들은 각각 서로 대응하고 있다. _____

① 그러므로 언어는 세계를 설명할 수 있지만, 사건은 설명할 수 없다.
② 이처럼 언어와 세계의 논리적 구조는 동일하며, 언어는 세계를 그림처럼 기술함으로써 의미를 가진다.
③ 이처럼 비트겐슈타인은 '그림 이론'을 통해 언어가 설명할 수 없는 세계에 대하여 제시했다.
④ 그러므로 철학적 논란들은 언어를 명확하게 사용함으로써 사라질 것이다.

27. 다음은 코로나19로 인한 등교 관련 가정통신문이다. 이에 대한 설명으로 틀린 것은?

가정통신문
교무기획부

코로나19 관련 학생 및 보호자 준수사항 알림
학부모님들께 드립니다.
어제 본교에서 확진자가 발생함에 따라 학부모님과 교직원의 걱정이 커지고 그에 따른 여러 가지 어려움에 봉착해 있습니다. 부모님이 걱정하시는 바, 저희 교직원 모두의 마음과 같습니다. 등교수업이나 원격수업 시행은 단위학교에서 결정하지 못하고 학교와, 보건당국, 지역교육청의 협의에 따라 이루어지오니 결정된 사항에 대해서 적극 협조 부탁드립니다. 부모님의 마음을 충분히 헤아리고 있으면서도 그 마음을 충족시켜드리지 못해 죄송합니다. 거리두기 단계가 조정된다 해도 코로나19 상황이 종료되기까지는 안심해서는 안 됩니다. 당분간은 수업마치고 귀가하면 가급적 외출을 자제하고 사람이 많이 모이는 곳에 가지 않도록 지도해 주시기 부탁드립니다.
어느 때보다 위기감이 느껴지는 시기이오니 코로나19 관련 학생, 보호자 및 가족 준수사항을 확인하시어 가정 내에서 자녀의 건강한 생활지도가 이루어질 수 있도록 적극 협조하여 주시기를 간곡히 부탁드립니다.
(※ 등교수업이 걱정되시는 학부모님은 반드시 담임선생님과 상담 후 체험학습(가정학습)을 신청하시기 바랍니다.)

〈학생 준수사항〉
▢ 개인위생 관리를 철저히 합니다.
   ① 식사 전, 화장실 이용 후, 학교에 다녀온 후 (또는 외출 후) 집에 도착하자마자 비누(또는 손소독제)와 물로 손을 씻습니다.
   ② 기침예절을 준수합니다.
   -기침을 할 때에는 휴지나 옷소매로 가리고/사용한 휴지는 바로 버린 후/반드시 비누와 물로 30초 이상 깨끗이 손씻기
▢ 다음의 경우에는 등교하지 않고 담임선생님께 알립니다.

① 37.5℃ 이상의 발열 또는 호흡기 증상이 나타
난 경우
② 해외여행을 다녀왔거나 확진환자와 접촉하여
자가격리 통지서를 받은 경우
③ 가족(동거인) 중 해외여행이나 확진환자와의 접촉
으로 자가격리 통지서를 받은 사람이 있는 경우
□ 등교 중지된 경우 반드시 다음의 생활수칙을 준
수합니다.
① 바깥 외출 금지
② 가능한 독립된 공간에서 혼자 생활하기
③ 식사는 혼자서 하기
④ 방문은 닫은 채 창문을 자주 열어 환기시키기

〈보호자 및 가족 준수사항〉
□ 부모님께서는 매일 아침 자녀가 등교 전 체온과
호흡기증상 유무를 확인합니다.
□ 자녀가 등교 중지된 경우 보호자께서는 반드시
다음의 내용을 준수하도록 자녀에게 교육합니다.
① 바깥 외출 금지
② 가능한 독립된 공간에서 혼자 생활하기
③ 식사는 혼자서 하기
④ 방문은 닫은 채 창문을 자주 열어 환기시키기
□ 등교중지 중인 학생의 가족은 다음의 생활수칙을 준수
합니다.
① 등교중지 중인 학생의 건강상태(발열, 호흡기
증상 등)를 매일 주의 깊게 관찰합니다.
② 등교중지 기간 동안 가족 또는 동거인은 최대한
등교중지 중인 학생과 접촉하지 않도록 합니다.
－특히, 노인, 임산부, 소아, 만성질환, 암 등의
면역력이 저하된 분은 접촉을 금지합니다.
－외부인의 방문도 제한합니다.
③ 등교중지 중인 학생과 독립된 공간에서 생활
하시고, 공용으로 사용하는 공간은 자주 환기
를 시킵니다.
④ 개인 물품(수건, 식기류 등)을 사용하도록 하
며, 화장실, 세면대를 공용으로 사용한다면,
사용 후 소독(가정용 소독제)하고 다른 사람이
사용하도록 합니다.

① 등교중지 기간 동안 가족 또는 동거인은 최대한 등교
중지 중인 학생과 접촉하지 않도록 하여야 한다.
② 37.5℃ 이상의 발열 또는 호흡기 증상이 나타난 경우
담임선생님께 알리어 등교여부를 결정하도록 한다.
③ 본교에서 확진자가 발생하여 학생 및 보호자에게 준
수사항을 가정통신문으로 발송하였다.
④ 등교 중지된 학생의 생활수칙과 보호자가 교육하여야
할 생활수칙의 내용은 동일하다.

28. 다음 문장을 순서대로 배열한 것으로 알맞은 것은?

⑺ 현재 전하고 있는 갑인자본을 보면 글자획에 필
력의 약동이 잘 나타나고 글자 사이가 여유 있게
떨어지고 있으며 판면이 커서 늠름하다.
⑷ 이 글자는 자체가 매우 해정(글씨체가 바르고 똑
똑함)하고 부드러운 필서체로 진나라의 위부인자
체와 비슷하다 하여 일명 '위부인자'라 일컫기도
한다.
⑸ 경자자와 비교하면 대자와 소자의 크기가 고르고
활자의 네모가 평정하며 조판도 완전한 조립식으
로 고안하여 납을 사용하는 대신 죽목으로 빈틈
을 메우는 단계로 개량·발전되었다.
⑷ 또 먹물이 시커멓고 윤이 나서 한결 선명하고 아
름답다. 이와 같은 이유로 이 활자는 우리나라
활자본의 백미에 속한다.
⑽ 갑인자는 1434년(세종 16)에 주자소에서 만든 동
활자로 그보다 앞서 만들어진 경자자의 자체가
가늘고 빽빽하여 보기가 어려워지자 좀 더 큰 활
자가 필요하다하여 1434년 갑인년에 왕명으로 주
조된 활자이다.
⑹ 이 활자를 만드는 데 관여한 인물들은 당시의 과
학자나 또는 정밀한 천문기기를 만들었던 기술자
들이었으므로 활자의 모양이 아주 해정하고 바르
게 만들어졌다.

① (마) - (나) - (바) - (다) - (가) - (라)
② (나) - (마) - (라) - (가) - (다) - (바)
③ (마) - (가) - (바) - (다) - (나) - (라)
④ (바) - (다) - (나) - (가) - (라) - (마)

29. 함께 여가를 보내려는 A, B, C, D, E 다섯 사람의 자리를 원형 탁자에 배정하려고 한다. 다음 글을 보고 옳은 것을 고르면?

• A 옆에는 반드시 C가 앉아야 된다.
• D의 맞은편에는 A가 앉아야 된다.
• 여가시간을 보내는 방법은 책읽기, 수영, 영화 관람이다.
• C와 E는 취미생활을 둘이서 같이 해야 한다.
• B와 C는 취미가 같다.

① A의 오른편에는 B가 앉아야 한다.
② B가 책읽기를 좋아한다면 E도 여가 시간을 책읽기로 보낸다.
③ B는 E의 옆에 앉아야 한다.
④ A와 D 사이에 C가 앉아있다.

30. 다음의 말이 전부 참일 때 항상 참인 것은?

• 그림을 잘 그리는 사람은 IQ가 높고, 상상력이 풍부하다.
• 키가 작은 사람은 IQ가 높다.
• 노래를 잘하는 사람은 그림을 잘 그린다.

① 상상력이 풍부하지 않은 사람은 노래를 잘하지 않는다.
② 그림을 잘 그리는 사람은 노래를 잘한다.
③ 키가 작은 사람은 상상력이 풍부하지 않다.
④ 그림을 잘 그리는 사람은 키가 크다.

31. A, B, C, D는 영업, 사무, 전산, 관리의 일을 각각 맡아서 하기로 하였다. A는 영업과 사무 분야의 업무를 싫어하고, B는 관리 업무를 싫어하며, C는 영업 분야 일을 하고 싶어하고, D는 전산 분야 일을 하고 싶어한다. 인사부에서 각자의 선호에 따라 일을 시킬 때 옳게 짝지은 것은?

① A - 관리   ② B - 영업
③ C - 전산   ④ D - 사무

32. 서울 출신 두 명과 강원도 출신 두 명, 충청도, 전라도, 경상도 출신 각 1명이 다음의 조건대로 줄을 선다. 앞에서 네 번째에 서는 사람의 출신지역은 어디인가?

• 충청도 사람은 맨 앞 또는 맨 뒤에 선다.
• 서울 사람은 서로 붙어 서있어야 한다.
• 강원도 사람 사이에는 다른 지역 사람 1명이 서있다.
• 경상도 사람은 앞에서 세 번째에 선다.

① 서울
② 강원도
③ 충청도
④ 전라도

33. 두 명의 한국인과 두 명의 중국인, 그리고 일본인, 미국인, 영국인 각각 한 명씩 모두 일곱 명을 의자에 일렬로 나란히 앉히려고 한다. 영국인이 왼쪽에서 세 번째 자리에 앉아야 하고, 다음과 같이 좌석을 배정해야 한다면, 오른쪽에서 세 번째 자리에 앉아야 하는 사람의 국적은?

- 일본인은 양 가장자리 중 한 곳에 앉아야 한다.
- 중국인끼리는 서로 붙어서 앉아야 한다.
- 한국인 사이에는 외국인 한 명이 꼭 사이에 끼어 앉아야 한다.

① 한국인
② 중국인
③ 일본인
④ 미국인

34. 다음과 같이 종이를 접은 후 구멍을 뚫고 펼친 뒤의 그림으로 옳은 것을 고르시오.

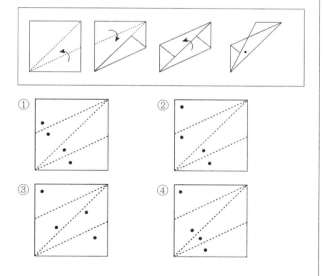

35. 다음 제시된 전개도로 만들 수 있는 주사위로 적절한 것을 고르시오.

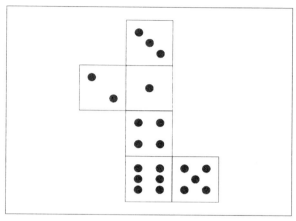

①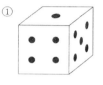
②
③
④

36. 제시된 두 도형을 결합했을 때, 나타날 수 없는 형태를 고르시오.

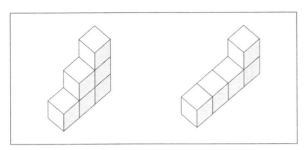

①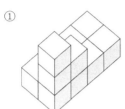

②

③

④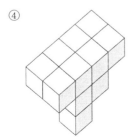

37. 다음 도형을 펼쳤을 때 나타날 수 있는 전개도를 고르시오.

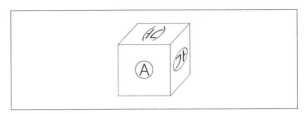

①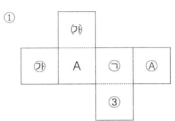

②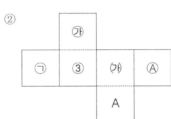

③

④

	A		
㉮	Ⓐ	㉿	㉠
	㉣		

38. 다음 입체도형에서 블록의 개수를 구하시오.

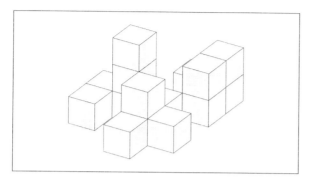

① 14개　　　　② 15개
③ 16개　　　　④ 17개

39. 아래의 기호/문자 무리 중 '℃'는 몇 번 제시되었나?

Å	ℂ	¥	ℂ	℃	£
£	℃	°F	Å	£	∬
¥	°F	ℂ	¥	∮	°F
℃	£	℃	£	ℂ	∮
ℂ	Å	∮	∬	¥	℃
¥	°F	¥	℃	∮	°F

① 5개　　　　② 6개
③ 7개　　　　④ 8개

40. 아래의 기호/문자 무리에 제시되지 않은 것은?

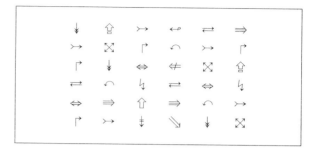

① ↰　　　　② ⇔
③ ⌢　　　　④ ⇒

41. 다음에서 제시된 문자가 아닌 것은?

α	δ	Ο	κ	ζ	ν
λ	ω	Θ	χ	Θ	π
τ	β	σ	ε	ο	Φ
ψ	ξ	η	ι	υ	Ψ
Σ	μ	γ	ρ	φ	Ξ

① x
② Ξ
③ γ
④ Ο

42. 다음 제시된 도형을 분리하였을 때 나올 수 없는 조각은?

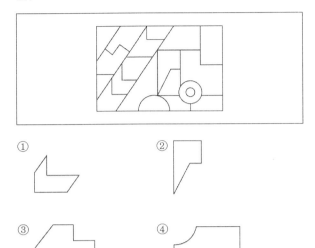

①

②

③

④

43. 다음 도형의 규칙 변화를 찾아 빈 칸에 알맞은 모양을 바르게 고른 것은?

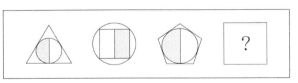

①

②

③

④

44. 다음 제시된 모양들이 일정한 규칙을 갖는다고 할 때 '?'에 들어갈 알맞은 모양을 고른 것은?

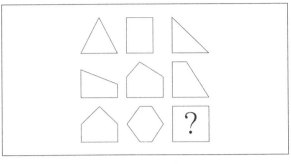

①

②

③

④

45. 다음 제시된 그림을 반시계 방향으로 90° 회전시킨 결과
나타나는 모양으로 옳은 것은?

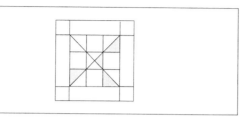

①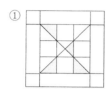

②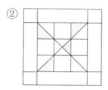

③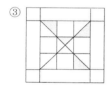

④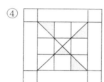

경상북도교육청 교육공무직원 모의고사

성명

직무능력검사

문번					문번					문번				
1	①	②	③	④	21	①	②	③	④	41	①	②	③	④
2	①	②	③	④	22	①	②	③	④	42	①	②	③	④
3	①	②	③	④	23	①	②	③	④	43	①	②	③	④
4	①	②	③	④	24	①	②	③	④	44	①	②	③	④
5	①	②	③	④	25	①	②	③	④	45	①	②	③	④
6	①	②	③	④	26	①	②	③	④					
7	①	②	③	④	27	①	②	③	④					
8	①	②	③	④	28	①	②	③	④					
9	①	②	③	④	29	①	②	③	④					
10	①	②	③	④	30	①	②	③	④					
11	①	②	③	④	31	①	②	③	④					
12	①	②	③	④	32	①	②	③	④					
13	①	②	③	④	33	①	②	③	④					
14	①	②	③	④	34	①	②	③	④					
15	①	②	③	④	35	①	②	③	④					
16	①	②	③	④	36	①	②	③	④					
17	①	②	③	④	37	①	②	③	④					
18	①	②	③	④	38	①	②	③	④					
19	①	②	③	④	39	①	②	③	④					
20	①	②	③	④	40	①	②	③	④					

수험번호

⓪	⓪	⓪	⓪	⓪	⓪	⓪	⓪
①	①	①	①	①	①	①	①
②	②	②	②	②	②	②	②
③	③	③	③	③	③	③	③
④	④	④	④	④	④	④	④
⑤	⑤	⑤	⑤	⑤	⑤	⑤	⑤
⑥	⑥	⑥	⑥	⑥	⑥	⑥	⑥
⑦	⑦	⑦	⑦	⑦	⑦	⑦	⑦
⑧	⑧	⑧	⑧	⑧	⑧	⑧	⑧
⑨	⑨	⑨	⑨	⑨	⑨	⑨	⑨

경상북도교육청 교육공무직원

제2회 모의고사

성명		생년월일	
문제 수(배점)	45문항	풀이시간	/ 50분
영역	직무능력검사		
비고	객관식 4지선다형		

각 문제에서 가장 적절한 답을 하나만 고시오.

1. 다음 제시된 어구풀이에 해당하는 단어 또는 관용구를 고르시오.

> 마음이 구슬퍼질 정도로 외롭거나 쓸쓸하다.

① 헌칠하다 ② 옹색하다
③ 처량하다 ④ 부실하다

2. 다음 제시된 단어의 뜻을 고르면?

> 앙양

① 야속함 ② 사기를 북돋움
③ 우러러 봄 ④ 점잔을 뺌

3. 다음 글의 내용과 일치하지 않는 것은?

물체가 진동하면 소리가 만들어진다. 이 중 주파수가 16Hz에서 20,000Hz 사이인 소리를 사람이 들을 수 있다. 소리를 듣는다는 것은 소리가 귀를 통해 뇌로 전달되어 분석되는 과정이다. 이 과정을 간략하게 설명하면, 소리는 외이와 중이를 거쳐 내이로 전달되고 내이에서 주파수별로 감지된다. 이후 각각의 정보는 청신경을 통해 뇌간으로 간 다음 뇌의 양측 측두엽으로 전달되어 최종 분석되는 것이다.

귀는 귓바퀴와 외이도를 포함한 외이, 고막과 청소골로 형성된 중이, 주파수별로 소리를 감지하는 내이로 나뉜다. 물렁뼈로 이루어진 귓바퀴는 소리를 모아서 외이도로 전달한다. 외이도는 고막과 함께 한쪽이 막힌 공명기 역할을 하여 일정 영역대의 소리 크기를 증폭해 준다.

중이에는 고막과 세 개의 단단한 뼈인 청소골이 있다. 고막은 외이도를 거쳐 도달한 진동 에너지를 모으고 증폭시켜 청소골로 전달한다. 증폭된 진동 에너지가 청소골을 울리고 청소골은 지렛대 같은 원리로 진동을 더욱 증폭시켜 내이 안의 림프라는 액체에 전달한다. 청소골의 작용 없이 진동 에너지가 림프가 차 있는 내이에 직접 전달된다면 공기와 액체의 밀도가 다르기 때문에 진동 에너지의 대부분이 반사되고 일부만이 내이로 전달될 것이다. 이렇게 고막과 청소골은 서로 다른 물질 사이에서 중계자 역할을 하여 에너지의 손실을 줄인다.

내이는 단단한 뼈로 둘러싸여 있는데 달팽이 껍질과 유사한 모양이기 때문에 달팽이관이라는 별명도 있다. 달팽이관의 안에는 기저막이 있는데 이 위에 코르티기관이 존재한다. 코르티기관에는 털세포가 들어 있으며 이 세포들이 외부에서 들어오는 소리 에너지를 받아 주파수별대로 소리 정보를 나누어 감지하고, 이를 청신경에 전달한다. 이 때 고주파 소리는 기저부에서 감지되고 저주파 소리는 첨부에서 감지된다. 기저부는 달팽이 껍질 모양의 넓은 쪽에, 첨부는 끝부분인 좁은 쪽에 해당한다.

① 외이와 중이는 소리를 모으고 증폭시키는 기관이다.

② 중이를 통해 전달된 소리는 내이에서 주파수별로 감지된다.

③ 중이는 서로 다른 물질 사이에서 에너지의 손실을 줄여 소리를 중계한다.

④ 내이는 중이에서 전달되는 소리를 받아들이기 쉽게 물렁뼈로 둘러싸여 있다.

4. 다음 중 ( ) 안에 들어갈 단어로 바른 것을 고르시오.

> 컴맹이던 고모는 이제 (   )한 작업은 컴퓨터로 할 수 있게 되었다.

① 웬만　　　　　　② 왠만

③ 웬간　　　　　　④ 앵간

5. 다음 중 단어의 관계가 다른 하나는?

① 도서관 – 책 – 소설책

② 대리점 – 자동차 – SUV

③ 극장 – 영화 – 스릴러영화

④ 백화점 – 마트 – 편의점

6. 다음에 제시된 명제가 모두 참일 때, 반드시 참이라고 할 수 있는 것은 어느 것인가?

> • 배가 아픈 사람은 식욕이 좋지 않다.
> • 배가 아프지 않은 사람은 홍차를 좋아하지 않는다.
> • 웃음이 많은 사람은 식욕이 좋다.

① 식욕이 좋지 않은 사람은 배가 아프다.

② 배가 아프지 않은 사람은 웃음이 많다.

③ 배가 아픈 사람은 홍차를 좋아한다.

④ 홍차를 좋아하는 사람은 웃음이 많지 않다.

7. 다음 중 기울기가 가장 완만한 코스는 무엇인가?

> • M스키장에는 총 4개의 코스(A, B, C, D)가 있다.
> • 길이가 짧은 코스일수록 기울기가 가파르고, 긴 코스일수록 기울기가 완만하다.
> • A코스는 B코스보다 길지만, D코스보다는 짧다.
> • C코스는 A코스보다 기울기가 완만하다.
> • D와 A코스의 순서 차이는 C와 B코스의 순서 차이와 같다.

① A　　　　　　② B

③ C　　　　　　④ D

▌8~9▌ 다음 빈칸에 들어갈 알맞은 숫자를 고르시오.

8.

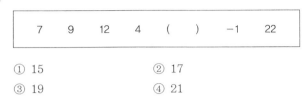

| 7 | 9 | 12 | 4 | ( ) | −1 | 22 |

① 15   ② 17
③ 19   ④ 21

9.

| 1 | 5 | 11 | −5 | 21 | ( ) | 31 | −25 |

① 10   ② −10
③ 15   ④ −15

10. 인터넷 사이트에 접속하여 초당 1.5MB의 속도로 파일을 내려 받는 데 총 12분 30초가 걸렸다. 파일을 내려 받는 데 걸린 시간은 인터넷 사이트에 접속하는 데 걸린 시간의 4배일 때, 내려 받은 파일의 크기는?

① 500MB
② 650MB
③ 900MB
④ 1,000MB

11. 어느 나라의 축구선수 1,000명 중 대표팀에 소속된 선수는 48명이다. 대표팀은 월드컵대표, 올림픽대표, 청소년대표의 세 종류로 각각 23명으로 구성되어 있다. 월드컵대표이면서 올림픽대표인 선수는 16명, 올림픽대표이면서 청소년대표인 선수는 5명, 청소년대표이면서 월드컵대표인 선수는 2명이다. 월드컵대표에만 소속되어 있는 선수는 모두 몇 명인가?

① 4
② 5
③ 6
④ 7

12. 동근이는 동료들과 함께 공원을 산책하였다. 공원에는 동일한 크기의 벤치가 몇 개 있다. 한 벤치에 5명씩 앉았더니 4명이 앉을 자리가 없어서 6명씩 앉았더니 남는 자리 없이 딱 맞았다. 동근이는 몇 명의 동료들과 함께 공원을 갔는가?

① 16명   ② 20명
③ 24명   ④ 30명

13. 30% 할인해서 팔던 벤치파카를 이월 상품 정리 기간에 할인된 가격의 20%를 추가로 할인해서 팔기로 하였다. 이 벤치파카는 원래 가격에서 얼마나 할인된 가격으로 판매하는 것인가?

① 34%   ② 44%
③ 56%   ④ 66%

14. A 주식의 가격은 B 주식의 가격의 2배이다. 민재가 두 주식을 각각 10주씩 구입 후 A 주식은 30%, B주식은 20% 올라 총 주식의 가격이 76,000원이 되었다. 오르기 전의 B 주식의 주당 가격은 얼마인가?

① 1,000원   ② 1,500원
③ 2,000원   ④ 3,000원

15. 전교생이 1,000명인 어느 학교에서 안경 낀 학생 수를 조사하였다. 안경 낀 학생은 안경을 끼지 않은 학생보다 300명이 적었다. 안경 낀 남학생은 안경 낀 여학생의 1.5배이었다면 안경 낀 여학생은 몇 명인가?

① 120   ② 140
③ 160   ④ 180

16. 어떤 콘텐츠에 대한 네티즌 평가에서 3,000명이 참여한 A 사이트에서는 평균 평점이 8.0이었으며, 2,000명이 참여한 B 사이트의 평균 평점은 6.0이었다. 이 콘텐츠에 대한 두 사이트 전체의 참여자의 평균 평점은 얼마인가?

① 7.0   ② 7.2
③ 8.0   ④ 8.2

17. 다음은 성인 직장인을 대상으로 소속감에 대하여 조사한 결과를 정리한 표이다. 조사 결과를 사회 집단 개념을 사용하여 분석한 내용으로 옳은 것은?

(단위 : %)

구분		가정	직장	동창회	친목 단체	합계
성별	남성	53.1	21.9	16.1	8.9	100.0
	여성	68.7	13.2	9.8	8.3	100.0
학력	중졸 이하	71.5	8.2	10.6	9.7	100.0
	고졸	62.5	17.7	11.8	8.0	100.0
	대졸 이상	54.0	22.5	16.0	7.5	100.0

① 학력이 높을수록 공동 사회라고 응답한 비율이 높다.
② 이익 사회라고 응답한 비율은 남성이 여성보다 높다.
③ 성별과 상관없이 자발적 결사체라고 응답한 비율이 가장 높다.
④ 과업 지향적인 집단이라고 응답한 비율은 여성이 남성보다 높다.

18. 다음에 제시된 단어와 상반된 의미를 가진 단어는?

> 존귀(尊貴)

① 존재   ② 귀중
③ 고귀   ④ 미천

19. 다음 중 제시된 단어가 나타내는 뜻을 모두 포괄할 수 있는 단어는?

> 죽이다 / 차지하다 / 알아내다 / 세우다

① 가지다
② 잡다
③ 삼키다
④ 설치하다

20. 다음 중 바르게 쓰인 표현을 고르면?

① 수출량을 2배 이상 늘릴 수 있도록 최선을 다 합시다.
② 옷을 달이다 말고 어디를 가는 게냐?
③ 벌인 입을 다물지 못하고 서 있었다.
④ 우리 가족은 삼팔선을 너머 남으로 내려왔다.

21. 어문 규정에 어긋난 것으로만 묶인 것은?

① 기여하고저, 뻐드렁니, 돌('첫 생일'), Nakdonggang('낙동강')
② 퍼붇다, 쳐부수다, 수퇘지, Daegwallyeong('대관령')
③ 안성마춤, 삵괭이, 더우기, 지그잭('zigzag')
④ 고샅, 일찍이, 굶주리다, 빠리('Paris')

22. 다음 중 띄어쓰기가 바르지 않은 문장은?

① 교실에는 책상, 걸상 등이 있다.
② 네가 알 바 아니다.
③ 이상은 위에서 지적한 바와 같습니다.
④ 그가 떠난지 벌써 1년이 지났다.

23. 다음 밑줄 친 단어와 같은 의미로 쓰인 것은?

> 충신이 반역죄를 <u>쓰고</u> 감옥에 갇혔다.

① 탈을 <u>쓰고</u> 탈춤을 춘다.
② 오늘 배운 데까지 공책에 두 번 <u>써</u> 오는 게 숙제다.
③ 그는 노래도 부르고 곡도 <u>쓰는</u> 가수 겸 작곡자이다.
④ 그는 억울하게 누명을 <u>썼다</u>.

24. 뼈의 칼슘 흡수에 도움을 주며, 일정 시간 햇빛에 의해 얻을 수 있는 영양소는 무엇인가?

① 비타민 A
② 비타민 B
③ 비타민 C
④ 비타민 D

┃25~26┃ 다음에 제시된 9개의 단어 중 관련된 3개의 단어를 통해 유추할 수 있는 것을 고르시오.

25.

> 계산기, 단풍, 키보드, 자동차, 연기, 고추잠자리, 영화, 플라스틱, 추수

① 극장
② 여름
③ 가을
④ 공장

26.

> 포스트잇, 안전, 공무원, 바나나, 디저트, 음주 단속, 행사, 웅변, 금메달

① 응급실
② 구급차
③ 경찰
④ 직장인

27. 다음 글의 내용과 일치하는 것은?

극의 진행과 등장인물의 대사 및 감정 등을 관객에게 설명했던 변사가 등장한 것은 1900년대이다. 미국이나 유럽에서도 변사가 있었지만 그 역할은 미미했을뿐더러 그마저도 자막과 반주 음악이 등장하면서 점차 소멸하였다. 하지만 주로 동양권, 특히 한국과 일본에서는 변사의 존재가 두드러졌다. 한국에서 변사가 본격적으로 등장한 것은 극장가가 형성된 1910년부터인데, 한국 최초의 변사는 우정식으로, 단성사를 운영하던 박승필이 내세운 인물이었다. 그 후 김덕경, 서상호, 김영환, 박응면, 성동호 등이 변사로 활약했으며 당시 영화 흥행의 성패를 좌우할 정도로 그 비중이 컸다. 단성사, 우미관, 조선 극장 등의 극장은 대개 5명 정도의 변사를 전속으로 두었으며 2명 내지 3명이 교대로 무대에 올라 한 영화를 담당하였다. 4명 내지 8명의 변사가 한 무대에 등장하여 영화의 대사를 교환하는 일본과는 달리, 한국에서는 한 명의 변사가 영화를 설명하는 방식을 취하였으며, 영화가 점점 장편화되면서부터는 2명 내지 4명이 번갈아 무대에 등장하는 방식으로 바뀌었다. 변사는 악단의 행진곡을 신호로 무대에 등장하였으며, 소위 전설(前說)을 하였는데 전설이란 활동사진을 상영하기 전에 그 개요를 앞서 설명하는 것이었다. 전설이 끝나면 활동사진을 상영하고 해설을 시작하였다. 변사는 전설과 해설 이외에도 막간극을 공연하기도 했는데 당시 영화관에는 영사기가 대체로 한 대밖에 없었기 때문에 필름을 교체하는 시간을 이용하여 코믹한 내용을 공연하였다.

① 한국과는 달리 일본에서는 변사가 막간극을 공연했다.
② 한국에 극장가가 형성되기 시작한 것은 1900년경이었다.
③ 한국은 영화의 장편화로 무대에 서는 변사의 수가 늘어났다.
④ 자막과 반주 음악의 등장으로 변사의 중요성이 더욱 높아졌다.

28. 다음 문장을 순서대로 배열한 것으로 알맞은 것은?

㉮ 사유재산권 제도를 채택한 사회에서 재산의 신규 취득 유형은 누가 이미 소유하고 있는 것을 취득하거나 아직 누구의 소유도 아닌 것을 취득하거나 둘 중 하나다.

㉯ 시장 경제에서 매 생산단계의 투입과 산출은 각각 누군가의 사적 소유물이며, 소유주가 있는 재산은 대가를 지불하고 구입하면 그 소유권을 이전 받는다.

㉰ 사적 취득의 자유를 누구에게나 동등하게 허용하는 동등자유의 원칙은 사유재산권 제도에 대한 국민적 지지의 출발점으로서 신규 취득의 기회균등은 사유재산권 제도의 핵심이다.

㉱ 누가 이미 소유하고 있는 재산의 취득을 인정받으려면 원 소유주가 해당 재산의 소유권 이전에 대해 동의해야 한다. 그리고 누구의 소유도 아닌 재산의 최초 취득은 사회가 정한 절차를 따라야 인정받는다.

① ㉮ - ㉰ - ㉱ - ㉯
② ㉰ - ㉮ - ㉱ - ㉯
③ ㉰ - ㉱ - ㉮ - ㉯
④ ㉯ - ㉮ - ㉱ - ㉰

29. 다음 글의 전개방식을 사용하는 것은?

> 지금 지구 상공에는 수많은 인공위성이 돌고 있다. 인공위성은 크게 군사용 위성과 평화용 위성으로 나뉜다. 첩보위성, 위성 파괴 위성 등은 전자에 속하고, 통신 위성, 기상 관측 위성, 지구 자원 탐사 위성 등은 후자에 속한다.

① 법은 간단하게 공법과 사법으로 나누어 설명할 수 있다. 공법에는 헌법, 형법, 행정법 등이 있고, 사법에는 민법, 상법 등이 있다.

② 독서는 음독 중심의 독서에서 묵독으로, 그리고 다독이라는 분산형 독서에서 다시 20세기 후반부터 검색형 독서로 그 방식이 변화하였다.

③ 연민은 먼저 타인의 고통이 그 자신의 잘못에서 비롯된 것이 아니라 우연히 닥친 비극이어야 한다. 다음으로 그 비극이 언제든 나를 엄습할 수도 있다고 생각해야 한다.

④ 프로이드는 그의 이론에서 주요 개념으로 리비도, 본능, 동일시 등을 제시하고 있고, 융은 페르소나, 아니마, 아니무스 등을 제시하고 있다.

30. 다음은 세계 초고층 건물의 층수와 실제높이를 나타낸 것이다. 건물의 층수에 따른 예상높이를 계산하는 식이 '예상높이(m)=3×층수+300'과 같이 주어질 때, 예상높이와 실제높이의 차이가 큰 건물을 순서대로 바르게 나열한 것은?

건물 이름	층수	실제높이(m)
부르즈 칼리파	163	828
스카이 시티	220	838
나킬 타워	200	1,490
시티 타워	400	2,400
상하이 타워	128	632

① 시티 타워 > 나킬 타워 > 스카이 시티 > 상하이 타워 > 부르즈 칼리파

② 시티 타워 > 나킬 타워 > 스카이 시티 > 부르즈 칼리파 > 상하이 타워

③ 상하이 타워 > 부르즈 칼리파 > 스카이 시티 > 나킬 타워 > 시티 타워

④ 부르즈 칼리파 > 상하이 타워 > 스카이 시티 > 나킬 타워 > 시티 타워

31. 민수, 영민, 민희 세 사람은 제주도로 여행을 가려고 한다. 제주도까지 가는 방법에는 고속버스 → 배 → 지역버스, 자가용 → 배, 비행기의 세 가지 방법이 있을 때 민수는 고속버스를 타기 싫어하고 영민이는 자가용 타는 것을 싫어한다면 이 세 사람이 선택할 것으로 생각되는 가장 좋은 방법은?

① 고속버스, 배

② 자가용, 배

③ 비행기

④ 지역버스, 배

32. A, B, C, D, E는 4시에 만나서 영화를 보기로 약속했다. 이들이 도착한 것이 다음과 같다면 옳은 것은?

> - A 다음으로 바로 B가 도착했다.
> - B는 D보다 늦게 도착했다.
> - B보다 늦게 온 사람은 한 명뿐이다.
> - D는 가장 먼저 도착하지 못했다.
> - 동시에 도착한 사람은 없다.
> - E는 C보다 일찍 도착했다

① D는 두 번째로 약속장소에 도착했다.
② C는 약속시간에 늦었다.
③ A는 가장 먼저 약속장소에 도착했다.
④ E는 제일 먼저 도착하지 못했다.

33. A, B, C, D 네 명이 원탁에 둘러앉았다. A는 B의 오른쪽에 있고, B와 C는 마주보고 있다. D의 왼쪽과 오른쪽에 앉은 사람을 차례로 짝지은 것은?

① B − A   ② B − C
③ C − B   ④ A − C

34. 다음과 같은 구조를 가진 어느 호텔에 A~H 8명이 투숙하고 있고, 알 수 있는 정보가 다음과 같다. B의 방이 204호일 때, D의 방은? (단, 한 방에는 한 명씩 투숙한다)

a라인	201	202	203	204	205
복도					
b라인	210	209	208	207	206

- 비어있는 방은 한 라인에 한 개씩 있고, A, B, F, H는 a라인에, C, D, E, G는 b라인에 투숙하고 있다.
- A와 C의 방은 복도를 사이에 두고 마주보고 있다.
- F의 방은 203호이고, 맞은 편 방은 비어있다.
- C의 오른쪽 옆방은 비어있고 그 옆방에는 E가 투숙하고 있다.
- B의 옆방은 비어있다.
- H와 D는 누구보다 멀리 떨어진 방에 투숙하고 있다.

① 202호   ② 205호
③ 206호   ④ 207호

35. 다음 글을 근거로 판단할 때, 도형의 모양으로 옳게 짝 지어진 것은?

> 5명의 학생은 5개의 도형 A ~ E의 모양을 맞히는 게임을 하고 있다. 5개의 도형은 모두 서로 다른 모양을 가지며 각각 삼각형, 사각형, 오각형, 육각형, 원 중 하나의 모양으로 이루어진다. 학생들에게 아주 짧은 시간 동안 5개의 도형을 보여준 후 도형의 모양을 2개씩 진술하게 하였다. 학생들이 진술한 도형의 모양은 다음과 같고, 모두 하나씩만 정확하게 맞혔다.
> • 갑 : C=삼각형, D=사각형
> • 을 : B=오각형, E=사각형
> • 병 : C=원, D=오각형
> • 정 : A=육각형, E=사각형
> • 무 : A=육각형, B=삼각형

① A=육각형, D=사각형
② B=오각형, C=삼각형
③ A=삼각형, E=사각형
④ C=오각형, D=원

36. 다음과 같이 종이를 접은 후 구멍을 뚫고 펼친 뒤의 그림으로 옳은 것을 고르시오.

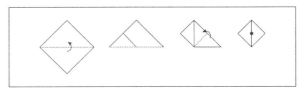

① 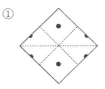 ②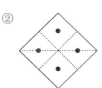

③ 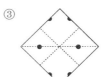 ④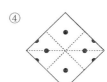

37. 다음 전개도를 접었을 때 나타나는 정육면체의 모양이 아닌 것을 고르시오.

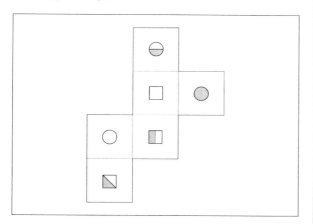

①

②

③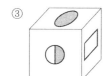

④

38. 다음 도형을 펼쳤을 때 나타날 수 있는 전개도를 고르시오.

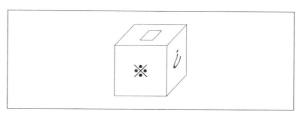

①

②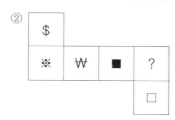

③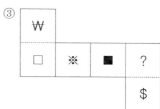

④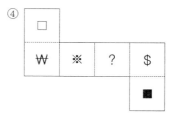

39. 다음 입체도형에서 블록의 개수를 구하시오.

① 20개   ② 21개
③ 22개   ④ 23개

40. 다음에서 제시된 문자가 아닌 것은?

① ㄞ
② ㄅ
③ ㄛ
④ ㄩ

41. 다음 중 직육면체의 전개도가 다른 하나는 어느 것인가?

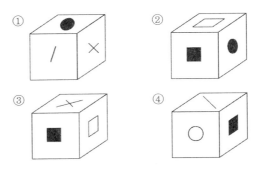

42. 다음 도형의 규칙 변화를 찾아 빈 칸에 알맞은 모양을 바르게 고른 것은?

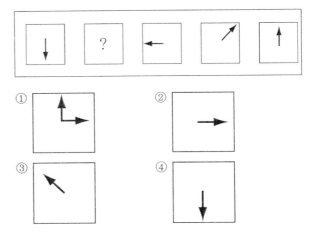

43. 다음 제시된 모양들이 일정한 규칙을 갖는다고 할 때 '?'에 들어갈 알맞은 모양을 고른 것은?

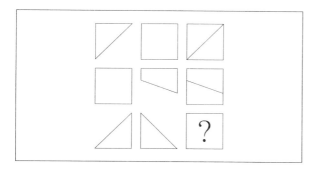

① 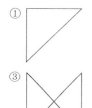　　　②

③ 　　　④

45. 아래의 기호/문자 무리에 제시되지 않은 것은?

① ⊶　　　　　　② ≒

③ ÷　　　　　　④ ∴

44. 아래의 기호/문자 무리 중 'D'는 몇 번 제시되었나?

A	C	Z	B	A	C
X	B	E	A	C	X
C	Y	C	X	Y	B
E	A	D	W	Z	Z
Y	Z	B	Z	E	C
X	E	Y	C	A	V

① 0번　　　　　② 1번

③ 2번　　　　　④ 3번

경상북도교육청 교육공무직원 모의고사

직무능력검사

성명	

문번	①	②	③	④		문번	①	②	③	④		문번	①	②	③	④
1	①	②	③	④		21	①	②	③	④		41	①	②	③	④
2	①	②	③	④		22	①	②	③	④		42	①	②	③	④
3	①	②	③	④		23	①	②	③	④		43	①	②	③	④
4	①	②	③	④		24	①	②	③	④		44	①	②	③	④
5	①	②	③	④		25	①	②	③	④		45	①	②	③	④
6	①	②	③	④		26	①	②	③	④						
7	①	②	③	④		27	①	②	③	④						
8	①	②	③	④		28	①	②	③	④						
9	①	②	③	④		29	①	②	③	④						
10	①	②	③	④		30	①	②	③	④						
11	①	②	③	④		31	①	②	③	④						
12	①	②	③	④		32	①	②	③	④						
13	①	②	③	④		33	①	②	③	④						
14	①	②	③	④		34	①	②	③	④						
15	①	②	③	④		35	①	②	③	④						
16	①	②	③	④		36	①	②	③	④						
17	①	②	③	④		37	①	②	③	④						
18	①	②	③	④		38	①	②	③	④						
19	①	②	③	④		39	①	②	③	④						
20	①	②	③	④		40	①	②	③	④						

수험번호

⓪	⓪	⓪	⓪	⓪	⓪	⓪	⓪
①	①	①	①	①	①	①	①
②	②	②	②	②	②	②	②
③	③	③	③	③	③	③	③
④	④	④	④	④	④	④	④
⑤	⑤	⑤	⑤	⑤	⑤	⑤	⑤
⑥	⑥	⑥	⑥	⑥	⑥	⑥	⑥
⑦	⑦	⑦	⑦	⑦	⑦	⑦	⑦
⑧	⑧	⑧	⑧	⑧	⑧	⑧	⑧
⑨	⑨	⑨	⑨	⑨	⑨	⑨	⑨

경상북도교육청
교육공무직원

제3회 모의고사

성명			생년월일	
문제 수(배점)	45문항		풀이시간	/ 50분
영역	직무능력검사			
비고	객관식 4지선다형			

✳ 유의사항 ✳

- 문제지 및 답안지의 해당란에 문제유형, 성명, 응시번호를 정확히 기재하세요.
- 모든 기재 및 표기사항은 "컴퓨터용 흑색 수성 사인펜"만 사용합니다.
- 예비 마킹은 중복 답안으로 판독될 수 있습니다.

각 문제에서 가장 적절한 답을 하나만 고르시오.

1. 다음 제시된 어구풀이에 해당하는 단어 또는 관용구를 고르시오.

> 남의 사정을 돌보지 않고 제 일만 생각하는 태도가 있다.

① 야멸치다　　　② 야속하다
③ 야무지다　　　④ 야물다

2. 다음 제시된 단어의 뜻을 고르면?

> 무녀리

① 학술과 품행이 뛰어나서 모범이 될 만한 인물
② 무녀(巫女)를 이르는 말
③ 야만스러운 사람
④ 언행이 좀 모자라서 못난 사람을 비유하는 말

3. 다음 글의 내용과 일치하는 것은?

> 한글 맞춤법의 원리는 '한글 맞춤법은 표준어를 소리 대로 적되, 어법에 맞도록 함을 원칙으로 한다.'라는 「한글 맞춤법」 총칙 제1항에 나타나 있다. 이 조항은 한글 맞춤법을 적용하여 표기하는 대상이 표준어임을 분명히 하고 있다. 따라서 표준어가 정해지면 맞춤법은 이를 어떻게 적을지 결정하는 구실을 한다.
>
> 그런데 표준어를 글자로 적는 방식에는 두 가지가 있을 수 있다. 하나는 '소리 나는 대로' 적는 방식이요, 또 하나는 소리 나는 것과는 다소 멀어지더라도 눈으로 보아 '의미가 잘 드러나도록' 적는 방식이다. 이 두 방식이 상충되는 면이 있는 듯하나 한글 맞춤법은 이 두 가지 방식을 적절히 조화시키고 있다. 즉 '소리대로 적되, 어법에 맞도록'이라는 제1항의 구절은 바로 이 두 방식의 절충을 의미하는 것이다. 다시 말해 제1항은 '표준어를 소리 나는 대로 적는다는 원칙과, 어법에 맞게 적는다는 원칙에 어긋나지 않아야 한다.'는 내용을 담고 있는 것이다.
>
> 그렇다면 어법에 맞게 적는다는 것은 무슨 뜻인가? 뜻을 파악하기 쉽도록 적는다는 것이다. 그런데 어떻게 적는 것이 뜻을 파악하기 쉽도록 적는 것인가? 그것은 문장에서 뜻을 담당하는 실사(實辭)를 밝혀 적는 방식일 것이다. 예컨대 '꼬치, 꼬츨, 꼳또'처럼 적기보다 실사인 '꽃'을 밝혀 '꽃이, 꽃을, 꽃도'처럼 적는 것이다. '꼬치'와 같이 적는 방식은 소리 나는 대로 적어서 글자로 적기에는 편할 수 있다. 그러나 뜻을 담당하는 실사가 드러나지 않아 눈으로 뜻을 파악하기에는 큰 불편이 따른다. 체언과 용언 어간은 대표적인 실사이다. 실사를 밝혀 뜻을 파악하기 쉽도록 적는다는 것은 체언과 조사를 구별해서 적고 용언의 어간과 어미를 구별해서 적는다는 것이다. 바로 이러한 내용을 포괄하는 내용을 담고 있는 것이 '어법에 맞게' 적는다는 것이다.

정리하면, 제1항의 '소리대로 적되, 어법에 맞도록'이란 구절을 바르게 적용하는 방법은 다음과 같다. 첫째, 어느 쪽으로 적는 것이 어법에 맞는지(즉 뜻을 파악하기 쉬운지) 살펴 그에 따라 적고 둘째, 어느 쪽으로 적든지 어법에 맞는 정도에(뜻을 파악하는 데에) 별 차이가 없을 때에는 소리대로 적는다. 예컨대 '붙이다(우표를 ~)'와 '부치다(힘이 ~)'에서 전자는 동사 어간 '붙-'과 의미상의 연관성이 뚜렷하여 '붙이-'처럼 적어 줄 때 그 뜻을 파악하기 쉬운 이점이 있으므로 소리와 달리 '붙이다'로 적고, 후자는 전자와 달리, 굳이 소리와 다르게 적을 필요가 없으므로 '소리대로'의 원칙에 따라 '부치다'로 적는 것이다.

① 한글 맞춤법은 표준어를 정하는 원칙을 규정한 것이다.
② 어법을 고려해 적으면 뜻을 파악하는 데에 어려움이 따른다.
③ 실사를 밝혀 적는다는 것은 소리 나는 대로 적는다는 의미이다.
④ 표준어를 글자로 적을 때에는 소리와 어법 두 가지를 고려한다.

4. 다음 (   )에 들어갈 말로 적절한 것은?

> 분식 : (   ) = 세면도구 : 칫솔

① 정식   ② 순대
③ 식당   ④ 가게

5. 다음 중 단어의 관계가 다른 하나는?

① 병원 – 간호사 – 주사
② 수영장 – 학생 – 물안경
③ 경찰서 – 경찰 – 체포
④ 무대 – 가수 – 노래

6. 다음 중 항상 옳은 것은?

> • 철수, 재연, 승리, 승혁 4명이 같은 지하철에서 서로 다른 칸을 탄다.
> • 지하철은 총 4개 칸이고, 중앙에 두 칸은 약 냉방 칸이다.
> • 승리는 승혁이보다 앞 칸에 탔다.
> • 철수는 약냉방 칸에 탔고, 재연보다 뒤 칸에 탔다.
> • 가장 앞 칸에 탄 사람은 승리가 아니다.

① 약 냉방 칸에 탈 수 있는 사람은 재연이다.
② 철수가 두 번째로 앞 칸에 탔다면, 승혁이가 가장 뒤 칸에 탄다.
③ 승리는 두 번째 칸에 탄다.
④ 승혁이는 약 냉방 칸에 탈 수 있다.

7. 주어진 결론을 반드시 참으로 하는 전제는 어느 것인가?

> 전제1 : 기린을 좋아하는 사람은 얼룩말을 좋아한다.
> 전제2 : 하마를 좋아하지 않는 사람은 기린을 좋아한다.
> 전제3 : _____
> 결론 : 코끼리를 좋아하는 사람은 하마를 좋아한다.

① 기린을 좋아하는 사람은 하마를 좋아한다.
② 코끼리를 좋아하는 사람은 얼룩말을 좋아한다.
③ 얼룩말을 좋아하는 사람은 코끼리를 좋아하지 않는다.
④ 하마를 좋아하는 사람은 기린을 좋아한다.

【8~9】 다음 제시된 숫자의 배열을 보고 규칙을 적용하여 빈칸에 들어갈 알맞은 수를 고르시오.

8.

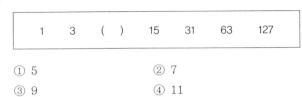

| 111 | 128 | 145 | 162 | 179 | ( ) |

① 185 ② 191
③ 196 ④ 197

9.

| 1 | 3 | ( ) | 15 | 31 | 63 | 127 |

① 5 ② 7
③ 9 ④ 11

10. 한 건물에 A, B, C 세 사람이 살고 있다. A는 B보다 12살이 많고, C의 나이의 2배보다 4살이 적다. 또한 B와 C는 동갑이라고 할 때 A의 나이는 얼마인가?

① 16살 ② 20살
③ 24살 ④ 28살

11. 스마트폰 X의 원가에 20%의 이익을 붙여서 정가를 책정하였다. 이벤트로 9만원을 할인해 팔아서 원가의 2%의 이익을 얻었다면 스마트폰 X의 원가는 얼마인가?

① 400,000원 ② 450,000원
③ 500,000원 ④ 550,000원

12. 두 가지 메뉴 A, B를 파는 어느 음식점에서 지난주에 두 메뉴를 합하여 1,000명분을 팔았다. 이번 주에는 지난주에 비하여 A 메뉴는 판매량이 5% 감소하고, B 메뉴는 10% 증가하여 전체적으로 4% 증가하였다. 이번 주에 판매된 A 메뉴는 몇 명분인가?

① 360명 ② 380명
③ 400명 ④ 420명

13. 다음은 어느 학교 학생들의 중간평가점수 중 영역별 상위 5명의 점수이다. 이에 대한 설명 중 옳은 것은?

순위	국어		영어		수학	
	이름	점수	이름	점수	이름	점수
1	A	94	B	91	D	97
2	C	93	A	90	G	95
3	E	90	C	88	F	90
4	D	88	F	82	B	88
5	F	85	D	76	A	84

※ 1) 각 영역별 동점자는 없었음
2) 총점이 250점 이하인 학생은 보충수업을 받는다.
3) 전체 순위는 세 영역 점수를 더해서 정한다.

① B의 총점은 263점을 초과하지 못한다.
② E는 보충수업을 받지 않아도 된다.
③ D의 전체 순위는 2위이다.
④ G는 보충수업을 받아야 한다.

14. 다음 자료는 연도별 자동차 사고 발생상황을 정리한 것이다. 다음의 자료로부터 추론하기 어려운 내용은?

구분 / 연도	발생 건수(건)	사망자 수(명)	10만 명당 사망자 수(명)	차 1만 대당 사망자 수(명)	부상자 수(명)
2020	246,452	11,603	24.7	11	343,159
2021	239,721	9,057	13.9	9	340,564
2022	275,938	9,353	19.8	8	402,967
2023	290,481	10,236	21.3	7	426,984
2024	260,579	8,097	16.9	6	386,539

① 연도별 자동차 수의 변화
② 운전자 1만 명당 사고 발생 건수
③ 자동차 1만 대당 사고율
④ 자동차 1만 대당 부상자 수

15. 다음은 A기업에서 승진시험을 시행한 결과이다. 시험을 치른 200명의 국어와 영어의 점수 분포가 다음과 같을 때 국어에서 30점 미만을 얻은 사원의 영어 평균 점수의 범위는?

(단위 : 명)

영어(점) / 국어(점)	0~9	10~19	20~29	30~39	40~49	50~59	60~69	70~79	80~89	90~100
0~9	3	2	3							
10~19	5	7	4							
20~29			6	5	5	4				
30~39				10	6	3	1	3	3	
40~49				2	9	10	2	5	2	
50~59				2	5	4	3	4	2	
60~69				1	3	9	24	10	3	
70~79					2	18				
80~89						10				
90~100										

① 9.3~18.3
② 9.5~17.5
③ 10.2~12.3
④ 11.6~15.4

▌16~18 ▌ 다음은 L전자 판매량과 실제 매출액의 관계를 나타낸 것이다. 이 자료를 보고 물음에 답하시오.

제품명	판매량(만 대)	실제 매출액(억 원)
냉장고	110	420
에어컨	100	308
김치냉장고	100	590
청소기	80	463
세탁기	80	435
살균건조기	80	422
공기청정기	75	385
전자레인지	60	356

16. 냉장고와 전자레인지는 판매량에서 몇 배나 차이가 나는가? (단, 소수점 둘째 자리까지만 구하시오)

① 1.62
② 1.83
③ 2.62
④ 3.14

17. 예상 매출액은 '판매량×2＋100'이라고 할 때, 예상 매출액과 실제 매출액의 차이가 가장 작은 제품과 가장 큰 제품이 바르게 짝지어진 것은?

	차이가 가장 작은 제품	차이가 가장 큰 제품
①	에어컨	김치냉장고
②	전자레인지	청소기
③	냉장고	김치냉장고
④	에어컨	청소기

18. 표에 제시된 제품들로 구성된 전체 매출액에서 김치냉장고가 차지하는 비율은? (단, 소수점 첫째 자리까지 구하시오)

① 17.4%
② 18.6%
③ 19.2%
④ 21.3%

19. 다음에 제시된 단어와 비슷한 의미를 가진 단어는?

> 미욱하다

① 미천하다
② 현명하다
③ 어리석다
④ 재빠르다

20. 다음 중 제시된 단어가 나타내는 뜻을 모두 포괄할 수 있는 단어는?

> 차리다 / 취하다 / 따르다

① 가다
② 명령하다
③ 외면하다
④ 갖추다

21. 어문 규정에 모두 맞게 표기된 문장은?

① 휴게실 안이 너무 시끄러웠다.
② 오늘은 웬지 기분이 좋습니다.
③ 밤을 세워 시험공부를 했습니다.
④ 아까는 어찌나 배가 고프던지 아무 생각도 안 나더라.

22. 다음 중 띄어쓰기가 바르지 않은 문장은?

① 나에게는 당신뿐이기에 그저 보고플 뿐입니다.
② 바람 부는대로 정처 없이 걸으면서 생각을 정리했다.
③ 친구가 도착한 지 두 시간 만에 떠났다.
④ 나를 알아주는 사람은 형밖에 없었다.

23. 다음 밑줄 친 단어와 같은 의미로 쓰인 것은?

> 아무래도 누군가 그를 <u>밀고</u> 있다.

① 어머니가 머뭇거리면서 파출소 문을 <u>밀고</u> 들어왔다.
② 누군가 자네를 강력하게 <u>밀고</u> 있는 이가 당 중앙에 있다는 얘길세.
③ 구겨진 바지를 다리미로 한 번 <u>밀어라</u>.
④ 만두피를 <u>밀다</u>.

24. 다음 중 ( ) 안에 들어갈 단어로 바른 것을 고르시오.

> 우리의 조상들은 심성이 달의 속성과 일치한다고 믿었기 때문에 달을 풍년을 주재하는 신으로 숭배하였다. 그리고 천체의 운행 시간과 변화에 매우 지혜로웠다. 천체 가운데에서도 가장 잘 (   )할 수 있는 달의 모양이 뚜렷했기 때문에 음력 역법을 쓰는 문화권에서는 달이 이지러져서 완전히 차오르는 상태가 시간을 측정하는 기준이 된다는 중요한 의미를 알게 되었다.

① 성찰(省察)
② 고찰(考察)
③ 간과(看過)
④ 첨삭(添削)

┃25~26┃ 다음에 제시된 9개의 단어 중 관련된 3개의 단어를 통해 유추할 수 있는 것을 고르시오.

25.

> 흰머리수리, 사다리, 종이, 봄, 도널드, 거울, 바람, 가위, 50

① 나무
② 미국
③ 소방관
④ 계절

26.

> 텀블러, 탁구, 마이크, 정치, 고양이, 코인, 나무, 스피커, 중간고사

① 등산
② 학교
③ 운동장
④ 노래방

27. 다음 글의 중심 내용으로 가장 적절한 것은?

행랑채가 퇴락하여 지탱할 수 없게끔 된 것이 세 칸이었다. 나는 마지못하여 이를 모두 수리하였다. 그런데 그중의 두 칸은 앞서 장마에 비가 샌 지가 오래되었으나, 나는 그것을 알면서도 이럴까 저럴까 망설이다가 손을 대지 못했던 것이고, 나머지 한 칸은 비를 한 번 맞고 샜던 것이라 서둘러 기와를 갈았던 것이다. 이번에 수리하려고 본즉 비가 샌 지 오래된 것은 그 서까래, 추녀, 기둥, 들보가 모두 썩어서 못 쓰게 되었던 까닭으로 수리비가 엄청나게 들었고, 한 번밖에 비를 맞지 않았던 한 칸의 재목들은 완전하여 다시 쓸 수 있었던 까닭으로 그 비용이 많이 들지 않았다.

나는 이에 느낀 것이 있었다. 사람의 몸에 있어서도 마찬가지라는 사실을. 잘못을 알고서도 바로 고치지 않으면 곧 그 자신이 나쁘게 되는 것이 마치 나무가 썩어서 못 쓰게 되는 것과 같으며, 잘못을 알고 고치기를 꺼리지 않으면 해(害)를 받지 않고 다시 착한 사람이 될 수 있으니, 저 집의 재목처럼 말끔하게 다시 쓸 수 있는 것이다. 뿐만 아니라 나라의 정치도 이와 같다. 백성을 좀먹는 무리들을 내버려두었다가는 백성들이 도탄에 빠지고 나라가 위태롭게 된다. 그런 연후에 급히 바로잡으려 하면 이미 썩어 버린 재목처럼 때는 늦은 것이다. 어찌 삼가지 않겠는가.

① 모든 일에 기초를 튼튼히 해야 한다.
② 청렴한 인재 선발을 통해 정치를 개혁해야 한다.
③ 잘못을 알게 되면 바로 고쳐 나가는 자세가 중요하다.
④ 훌륭한 위정자가 되기 위해서는 매사 삼가는 태도를 지녀야 한다.

28. 다음 문장을 순서대로 배열한 것으로 알맞은 것은?

(가) 인물 그려내기라는 말은 인물의 생김새나 차림새 같은 겉모습을 그려내는 것만 가리키는 듯 보이기 쉽다.

(나) 여기서 눈에 보이는 것의 대부분을 뜻하는 공간에 대해 살필 필요가 있다. 공간은 이른바 공간적 배경을 포함한, 보다 넓은 개념이다.

(다) 하지만 인물이 이야기의 중심적 존재이고 그가 내면을 지닌 존재임을 고려하면, 인물의 특질을 제시하는 것의 범위는 매우 넓어진다. 영화, 연극 같은 공연 예술의 경우, 인물과 직접적·간접적으로 관련된 것들, 무대 위나 화면 속에 자리해 감상자의 눈에 보이는 것 거의 모두가 인물 그려내기에 이바지한다고까지 말할 수 있다.

(라) 그것은 인물과 사건이 존재하는 곳과 그곳을 구성하는 물체들을 모두 가리킨다. 공간이라는 말이 다소 추상적이므로, 경우에 따라 그곳을 구성하는 물체들, 곧 비나 눈 같은 기후 현상, 옷, 생김새, 장신구, 가구, 거리의 자동차 등을 '공간소'라고 부를 수 있다.

① (가) – (나) – (다) – (라)
② (가) – (다) – (나) – (라)
③ (가) – (라) – (나) – (다)
④ (라) – (나) – (가) – (다)

29. 다음 글에 나타난 '플로티노스'의 견해와 일치하는 것은?

> 여기에 대리석 두 개가 있다고 가정해 보자. 하나는 거칠게 깎아낸 그대로이며, 다른 하나는 조각술에 의해 석상으로 만들어져 있다. 플로티노스에 따르면 석상이 아름다운 이유는, 그것이 돌이기 때문이 아니라 조각술을 통해 거기에 부여된 '형상' 때문이다. 형상은 그 자체만으로는 질서가 없는 질료에 질서를 부여하고, 그것을 하나로 통합하는 원리이다.
>
> 형상은 돌이라는 질료가 원래 소유하고 있던 것이 아니며, 돌이 찾아오기 전부터 돌을 깎는 장인의 안에 존재하던 것이다. 장인 속에 있는 이 형상을 플로티노스는 '내적 형상'이라 부른다. 내적 형상은 장인에 의해 돌에 옮겨지고, 이로써 돌은 아름다운 석상이 된다. 그러나 내적 형상이 곧 물체에 옮겨진 형상과 동일한 것은 아니다. 플로티노스는 내적 형상이 '돌이 조각술에 굴복하는 정도'에 응해서 석상 속에 내재하게 된다고 보았다.
>
> 그렇다면 우리가 어떤 석상을 '아름답다'고 느낄 때는 어떠한 일이 일어날까? 플로티노스는 우리가 물체 속의 형상을 인지하고, 이로부터 질료와 같은 부수적 성질을 버린 후 내적 형상으로 다시 환원할 때, 이 물체를 '아름답다'고 간주한다고 보았다. 즉, 내적 형상은 장인에 의해 '물체 속의 형상'으로 구현되고, 감상자는 물체 속의 형상으로부터 내적 형상을 복원함으로써 아름다움을 느끼는 것이다.

① 장인의 조각술은 질료에 내재되어 있던 '형상'이 밖으로 표출되도록 도와주는 역할을 한다.

② 물체에 옮겨진 '형상'은 '내적 형상'과 동일할 수 없으므로 질료 자체의 질서와 아름다움에 주목해야 한다.

③ 동일한 '내적 형상'도 '돌이 조각술에 굴복하는 정도'에 따라 서로 다른 '형상'의 조각상으로 나타날 수 있다.

④ 자연 그대로의 돌덩어리라 할지라도 감상자가 돌덩어리의 '내적 형상'을 복원해 낸다면 '아름답다'고 느낄 수 있다.

30. A, B, C, D, E의 성적을 높은 순서대로 순번을 매겼더니 다음과 같았다. 성적이 두 번째로 높은 사람은?

> • 순번상 E의 앞에는 2명 이상의 사람이 있고 C보다는 앞이었다.
> • D의 순번 바로 앞에는 B가 있다.
> • A의 순번 뒤에는 2명이 있다.

① A   ② B
③ C   ④ D

31. 다음 상황에서 진실을 얘기하고 있는 사람이 한 명 뿐일 때 총을 쏜 범인과 진실을 이야기 한 사람으로 바르게 짝지어진 것은?

> 어느 아파트 옥상에서 한 남자가 총에 맞아 죽은 채 발견됐다. 그의 죽음을 조사하기 위해 형사는 죽은 남자와 관련이 있는 용의자 A, B, C, D 네 남자를 연행하여 심문하였는데 이들은 다음과 같이 진술하였다.
>
> A : B가 총을 쐈습니다. 내가 봤어요.
> B : C와 D는 거짓말쟁이입니다. 그들의 말은 믿을 수 없어요!
> C : A가 한 짓이 틀림없어요. A와 그 남자는 사이가 아주 안 좋았단 말입니다.
> D : 내가 한 짓이 아니에요. 나는 그를 죽일 이유가 없습니다.

① 범인 : A, 진실 : C
② 범인 : B, 진실 : A
③ 범인 : C, 진실 : D
④ 범인 : D, 진실 : B

32. '갑, 을, 병, 정, 무, 기, 경, 신' 8명을 4명씩 두 조로 만들 때 다음 조건을 만족하는 가능한 조 편성은?

> • '병'과 '기'는 각 조의 조장을 맡는다.
> • '을'은 '정' 또는 '기'와 같은 조가 되어야 한다.

① 갑, 을, 병, 기
② 갑, 정, 기, 신
③ 을, 정, 기, 신
④ 을, 병, 무, 경

33. 다음은 맛집 정보와 평가 기준을 정리한 표이다. 이 자료를 바탕으로 판단할 때 총점이 가장 높은 음식점은 어디인가?

평가항목 음식점	음식 종류	이동 거리	1인분 가격	평점 (★ 5개 만점)	예약 가능 여부
북경반점	중식	150m	7,500원	★★☆	○
샹젤리제	양식	170m	8,000원	★★★	○
경복궁	한식	80m	10,000원	★★★★	×
아사이타워	일식	350m	9,000원	★★★★☆	×
광화문	한식	300m	12,000원	★★★★★	×

※ ☆은 ★의 반개다.

> ◎ 평가항목 중 이동거리, 가격, 맛평점에 대하여 각 항목별로 5, 4, 3, 2, 1점을 각각의 음식점에 하나씩 부여한다.
> • 이동거리가 짧은 음식점일수록 높은 점수를 준다.
> • 가격이 낮은 음식점일수록 높은 점수를 준다.
> • 맛평점이 높은 음식점일수록 높은 점수를 준다.
> ◎ 평가 항목 중 음식종류에 대하여 일식 5점, 한식 4점, 양식 3점, 중식 2점을 부여한다.
> ◎ 예약이 가능한 경우 가점 1점을 부여한다.
> ◎ 총점은 음식종류, 이동거리, 가격, 맛 평점의 4가지 평가 항목에서 부여받은 점수와 가점을 합산하여 산출한다.

① 북경반점
② 샹젤리제
③ 경복궁
④ 아사이타워

34. 다음은 그림은 복도를 사이에 두고 1001 ~ 1003호, 1004 ~ 1007호의 7개 방이 엘리베이터의 양쪽에 늘어서 있는 것을 나타낸 것이다. A ~ G 7명이 다음과 같이 각 호에 1명씩 투숙하고 있다고 할 때 1006호에 묵고 있는 사람은 누구인가?

1001	1002	1003	—	
1004	1005	1006	1007	엘리베이터

> • B의 방 맞은편에는 D의 방이 있다.
> • C의 방 양 옆으로 A, G가 묵고 있다.
> • F의 양 옆에는 D, E가 묵고 있다.
> • G는 엘리베이터와 가장 가깝다.

① B
② C
③ D
④ E

35. 다음과 같이 종이를 접은 후 구멍을 뚫고 펼친 뒤의 그림으로 옳은 것을 고르시오.

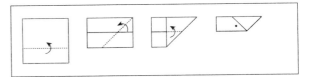

① 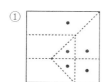　②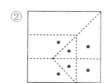

③ 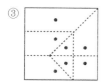　④

36. 다음 전개도를 접었을 때 나타나는 정육면체의 모양이 아닌 것을 고르시오.

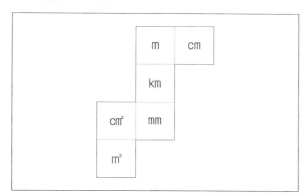

① 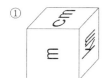　②

③ 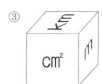　④

37. 다음 도형을 펼쳤을 때 나타날 수 있는 전개도를 고르시오.

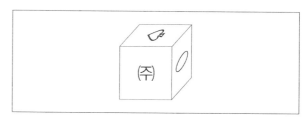

①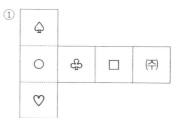

②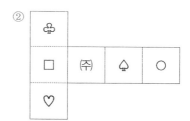

③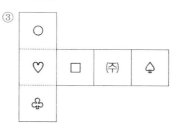

④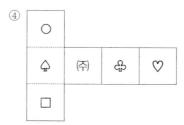

38. 다음 중 제시된 도형과 같은 도형은 어느 것인가?

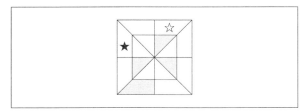

① 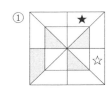 ②

③ 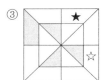 ④

39. 다음의 제시된 도형을 조합하여 만들어진 것을 고르시오.

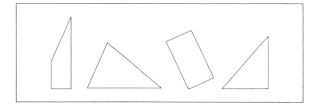

①   ②

③   ④

40. 아래의 기호/문자 무리 중 '가열'은 몇 번 제시되었나?

가을	가지	가구	가을	가열	가족
가열	가방	가상	가망	가치	가지
가지	가사	가방	가열	가사	가구
가구	가을	가사	가상	가구	가축
가방	가열	가망	가지	가사	가망
가족	가지	가구	가상	가망	가을

① 1개   ② 2개
③ 3개   ④ 4개

41. 아래의 기호/문자 무리에 제시되지 않은 것은?

여자	빨강	쿠키	바다	남자	책상
축구	지갑	난초	장미	농구	탄소
병원	튤립	약국	산소	발톱	벼루
전화	가위	야구	종이	버스	반지
과자	하늘	손톱	안경	신발	기차
연필	가방	파랑	육지	의자	매화

① 반지   ② 안경
③ 시계   ④ 신발

42. 다음 제시된 세 개의 단면을 참고하여 해당되는 입체도형을 고르시오.

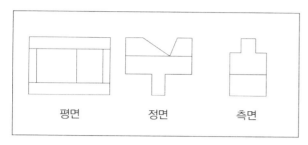

평면   정면   측면

①
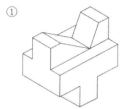

②

③
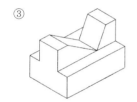

④

43. 다음 제시된 도형을 분리하였을 때 나올 수 없는 조각은?

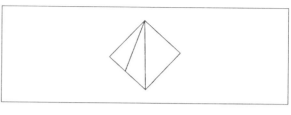

①

②

③

④

44. 다음 입체도형에서 블록의 개수를 구하시오.

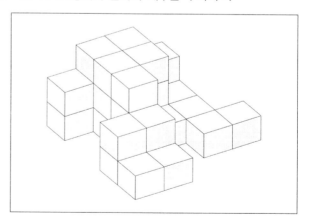

① 24개   ② 27개

③ 30개   ④ 33개

45. 다음 제시된 모양들이 일정한 규칙을 갖는다고 할 때 '?'
에 들어갈 알맞은 모양을 고른 것은?

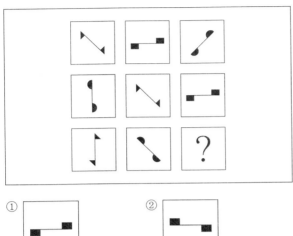

①   ②

③   ④

경상북도교육청 교육공무직원 모의고사

<table>
<tr><td>성명</td><td></td></tr>
</table>

직무능력검사

번호	①	②	③	④
1	①	②	③	④
2	①	②	③	④
3	①	②	③	④
4	①	②	③	④
5	①	②	③	④
6	①	②	③	④
7	①	②	③	④
8	①	②	③	④
9	①	②	③	④
10	①	②	③	④
11	①	②	③	④
12	①	②	③	④
13	①	②	③	④
14	①	②	③	④
15	①	②	③	④
16	①	②	③	④
17	①	②	③	④
18	①	②	③	④
19	①	②	③	④
20	①	②	③	④

번호	①	②	③	④
21	①	②	③	④
22	①	②	③	④
23	①	②	③	④
24	①	②	③	④
25	①	②	③	④
26	①	②	③	④
27	①	②	③	④
28	①	②	③	④
29	①	②	③	④
30	①	②	③	④
31	①	②	③	④
32	①	②	③	④
33	①	②	③	④
34	①	②	③	④
35	①	②	③	④
36	①	②	③	④
37	①	②	③	④
38	①	②	③	④
39	①	②	③	④
40	①	②	③	④

번호	①	②	③	④
41	①	②	③	④
42	①	②	③	④
43	①	②	③	④
44	①	②	③	④
45	①	②	③	④

수험번호

⓪	⓪	⓪	⓪	⓪	⓪	⓪	⓪
①	①	①	①	①	①	①	①
②	②	②	②	②	②	②	②
③	③	③	③	③	③	③	③
④	④	④	④	④	④	④	④
⑤	⑤	⑤	⑤	⑤	⑤	⑤	⑤
⑥	⑥	⑥	⑥	⑥	⑥	⑥	⑥
⑦	⑦	⑦	⑦	⑦	⑦	⑦	⑦
⑧	⑧	⑧	⑧	⑧	⑧	⑧	⑧
⑨	⑨	⑨	⑨	⑨	⑨	⑨	⑨

경상북도교육청 교육공무직원 모의고사

- 정답 및 해설 -

1 | ①

① 강이나 바다의 바닥을 흐르는 물결, 겉으로는 드러나지 아니하고 깊은 곳에서 일고 있는 움직임을 비유적으로 이르는 말
② 억지로 권함
③ 기쁘고 좋음
④ 가볍고 아주 적어서 대수롭지 아니함

2 | ②

귀결 … 끝을 맺음을 이르는 말로 결과, 종결, 결론이라고도 하다.
① 고지(高志) ③ 귀감(龜鑑) ④ 귀공(鬼工)

3 | ①

① 어떤 재화나 용역을 일정한 가격으로 사려고 하는 욕구

4 | ③

'정리하다'는 '문제가 되거나 불필요한 것을 줄이거나 없애서 말끔하게 바로잡다'의 뜻으로 '다스리다'와 유의관계이다. '갈라지다'는 '쪼개지거나 금이 가다'의 뜻으로 '바라지다'와 유의관계이다.

5 | ④

나머지 보기는 한 주제로 대등관계로 나열되었지만, ④는 닭의 성장과정을 순서대로 나열하였다.
① 동물을 대등하게 나열
② 꽃을 대등하게 나열
③ 빵 종류를 대등하게 나열

6 | ②

조건을 정리하면 '건강 → 운동 → 등산', '산 → 등산'이 된다. 따라서 결론은 '건강을 중요시하는 사람은 등산을 좋아한다.'가 된다.

7 | ④

조건에 따르면 다음과 같다.
D − B − 점심 − E − A − C
따라서 수진이가 첫 번째로 탄 놀이기구는 D이다.

8 | ③

전전항에 ×2를 한 다음 전항의 수를 더한 값이 다음 항의 값이 되는 원리이다.
$1 \times 2 + 1 = 3$
$1 \times 2 + 3 = 5$
$3 \times 2 + 5 = 11$
$5 \times 2 + 11 = 21$
$11 \times 2 + 21 = 43$
$21 \times 2 + 43 = 85$

9 | ③

분모가 88인 기약분수이다. $\frac{9}{88}$ 다음에 나올 기약분수는 $\frac{13}{88}$ 이다.

10 | ④

16강전 → 8경기

8강전 → 4경기

준결승 → 2경기

결승 → 1경기

$8+4+2+1=15$

11 | ③

1학년 남학생, 여학생 수를 각각 x, y 라 하면
2학년 남학생, 여학생 수는 각각 y, x 이다.
3학년 여학생 수를 z 라고 하면,

$z=\dfrac{2}{5}(x+y+z)$ 이고 $z=\dfrac{2}{3}(x+y)$

$\dfrac{(3\text{학년 여학생 수})}{(\text{전체 학생 수})}=\dfrac{\frac{2}{3}(x+y)}{3(x+y)}=\dfrac{2}{9}$

$\therefore a+b=11$

12 ③

① A반 평균

$=\dfrac{(20\times6.0)+(15\times6.5)}{20+15}=\dfrac{120+97.5}{35}=6.2$

B반 평균

$=\dfrac{(15\times6.0)+(20\times6.0)}{15+20}=\dfrac{90+120}{35}=6$

② A반 평균

$=\dfrac{(20\times5.0)+(15\times5.5)}{20+15}=\dfrac{100+82.5}{35}=5.2$

B반 평균

$=\dfrac{(15\times6.5)+(20\times5.0)}{15+20}=\dfrac{97.5+100}{35}=5.6$

③④ A반 남학생 $=\dfrac{6.0+5.0}{2}=5.5$

B반 남학생 $=\dfrac{6.0+6.5}{2}=6.25$

A반 여학생 $=\dfrac{6.5+5.5}{2}=6$

B반 여학생 $=\dfrac{6.0+5.0}{2}=5.5$

13 | ④

합계가 2이므로 A$=1$

B$=8-1-3-2=2$

C$=1+2=3$

D$=9-1-3=5$

14 | ④

과학 \ 수학	60	70	80	90	100	합계
100				1	1	2
90			1	2		3
80		2	5	3	1	11
70	1	2	3	2		8
60	1					1
합계	2	4	9	8	2	25

$1+1+1+2+2+5+3+1+3+2=21$

15 | ②

평균이 90점 이상이 되려면 총점이 180점 이상이 되어야 한다. 따라서 아래 표의 표시한 부분의 학생들만 해당된다.

과학 \ 수학	60	70	80	90	100	합계
100				1	1	2
90			1	2		3
80		2	5	3	1	11
70	1	2	3	2		8
60	1					1
합계	2	4	9	8	2	25

평균이 90점 이상인 학생은 모두 5명이므로 전체 학생의 $\dfrac{5}{25}\times100=20(\%)$가 된다.

16 | ③

길이가 Xm인 기차가 Ym인 다리에 진입하여 완전히 빠져나갈 때까지의 거리는 $(X+Y)$m이고, 속도 $=\dfrac{거리}{시간}$ 이므로 기차의 속도를 구하는 식은 다음과 같다.

$$\frac{(X+Y)\text{m}}{10\text{s}} = \frac{\left\{\dfrac{X+Y}{1{,}000}\right\}\text{km}}{\dfrac{10}{3{,}600}\text{h}} = \frac{9(X+Y)}{25}\,\text{km/h}$$

17 | ④

방임 … 돌보거나 간섭하지 않고 제멋대로 내버려 두다.
① 방치(放置) : 내버려두다. 방임의 유의어로 볼 수 있다.
② 자유(自由) : 외부적인 구속이나 무엇에 얽매이지 아니하고 자기 마음대로 할 수 있는 상태
③ 방종(放縱) : 제멋대로 행동하여 거리낌이 없다.

18 | ①

사리(事理) … 일의 이치

19 ④

받다
㉠ 어떤 상황이 자기에게 미치다.
㉡ 요구, 신청, 질문, 공격, 도전, 신호 따위의 작용을 당하거나 거기에 응하다.
㉢ 다른 사람이 바치거나 내는 돈이나 물건을 책임 아래 맡아 두다.
㉣ 점수나 학위 따위를 따다.

20 | ③

① 안고[안 : 꼬]
② 옷기기도[욷끼기도]
④ 무릎과[무릅꽈]

21 | ②

① 법썩 → 법석
③ 오뚜기 → 오뚝이
④ 더우기 → 더욱이

22 | ④

④ 저 신사는 큰 기업의 회장 겸 대표이사이다.

23 | ④

보기는 '음식상이나 잠자리 따위를 채비하다'의 뜻이다. 따라서 ④가 적절하다.
① 어떤 관계의 사람을 얻거나 맞다.
② 어떤 일을 당하거나 겪거나 얻어 가지다.
③ 음식 맛이나 간을 알기 위하여 시험 삼아 조금 먹다.

24 | ②

다육식물, 사막, 백년초를 통해 선인장을 유추할 수 있다. 선인장은 사막이나 높은 산 등 수분이 적고 건조한 날씨의 지역에서 살아남기 위해 땅 위의 줄기나 잎에 많은 양의 수분을 저장하고 있는 다육식물이다. 백년초는 부채선인장의 다른 이름이다.

25 | ①

① 기류, 날개, 하늘을 통해 비행기를 연상할 수 있다.

26 | ②

'그림 이론'에 대한 설명에서 언어가 세계와 대응한다는 내용에 이어지는 문장이므로 ②번이 적절하다.

27 | ②

다음의 경우에는 등교하지 않고 담임선생님에게 알려야 한다.

㉠ 37.5℃ 이상의 발열 또는 호흡기 증상이 나타난 경우

㉡ 해외여행을 다녀왔거나 확진환자와 접촉하여 자가격리 통지서를 받은 경우

㉢ 가족(동거인) 중 해외여행이나 확진환자와의 접촉으로 자가격리 통지서를 받은 사람이 있는 경우

28 | ①

㈐ 갑인자의 소개와 주조 이유 → ㈏ 갑인자의 이명(異名) → ㈑ 갑인자의 모양이 해정하고 바른 이유 → ㈐ 경자자와 비교하여 개량·발전된 갑인자 → ㈎ 현재 전해지는 갑인자본의 특징 → ㈒ 우리나라 활자본의 백미가 된 갑인자

29 | ②

② B와 C가 취미가 같고, C는 E와 취미생활을 둘이서 같이 하므로 B가 책읽기를 좋아한다면 E도 여가 시간을 책읽기로 보낸다.

30 | ①

㉠ 상상력이 풍부하지 않은 사람은 그림을 잘 그리는 사람이 아니다(첫 번째 전제의 대우).

㉡ 그림을 잘 그리는 사람이 아니면 노래를 잘하지 않는다(세 번째 전제의 대우).

㉢ 따라서 상상력이 풍부하지 않은 사람은 노래를 잘하지 않는다.

31 | ①

조건에 따르면 영업과 사무 분야의 일은 A가 하는 것이 아니고, 관리는 B가 하는 것이 아니므로 'A – 관리, B – 사무, C – 영업, D – 전산'의 일을 하게 된다.

32 | ②

경상도 사람은 앞에서 세 번째에 서고 강원도 사람 사이에는 다른 지역 사람이 서있어야 하므로 강원도 사람은 경상도 사람의 뒤쪽으로 서게 된다. 서울 사람은 서로 붙어있어야 하므로 첫 번째, 두 번째에 선다. 충청도 사람은 맨 앞 또는 맨 뒤에 서야하므로 맨 뒤에 서게 된다. 강원도 사람 사이에는 자리가 정해지지 않은 전라도 사람이 서게 된다.

서울 – 서울 – 경상도 – 강원도 – 전라도 – 강원도 – 충청도

33 | ②, ④

영국인은 반드시 왼쪽에서 세 번째 자리에 앉아야 하며, 한국인 사이에는 외국인 한 명이 꼭 사이에 끼어 앉아야 한다. 또한 중국인은 중국인끼리 붙어 앉아야 하며 일본인은 가장자리에 앉아야 하므로

중국인	중국인	영국인	한국인	미국인	한국인	일본인

미국인	한국인	영국인	한국인	중국인	중국인	일본인

34 | ④

35 | ①

제시된 전개도에서 맞닿는 면을 표시하면 다음과 같다.

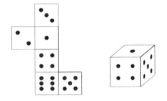

36 | ②

37 | ①

해당 도형을 펼치면 ①이 나타날 수 있다.

38 | ②

1층에 10개, 2층에 4개, 3층에 1개이므로 총 15개 블록이 있다.

39 | ②

Å	ℂ	¥	ℂ	℃	£
£	℃	°F	Å	£	∬
¥	°F	ℂ	¥	∮	°F
℃	£	℃	£	ℂ	∮
ℂ	Å	∮	∬	¥	℃
¥	°F	¥	℃	∮	°F

40 | ①

↰ 는 위 기호 무리에 제시되지 않았다.

41 | ③

α	δ	O̲	κ	ζ	ν
λ	ω	Θ	χ̲	Θ	π
τ	β	σ	ε	ο	Φ
ψ	ξ	η	ι	υ	Ψ
Σ	μ	γ	ρ	φ	Ξ

42 | ③

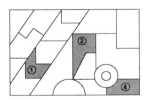

43 | ②

중앙에 빗금 친 좌우를 번갈아 반복되고 있으며 삼각형,
사각형, 오각형으로 변하면서 원의 안쪽과 바깥쪽에 번
갈아 나타나고 있다.

44 | ④

④ 첫 번째 세로 줄의 도형들은 삼각형, 사각형, 오각형
으로 변하고 있으며 두 번째 세로 줄의 도형들은 사각
형, 오각형, 육각형으로 변하고 있다. 따라서 세 번째
세로 줄은 삼각형, 사각형, 오각형으로 변할 것이다.

45 | ③

제시된 도형을 반시계 방향으로 90° 회전하면 ③과 같
이 된다.

1 | ③

① 키와 몸집이 크고 늘씬함을 이르는 말이다.
② 생활이 어려움 또는 활달하지 못하여 옹졸하고 답답
함을 이르는 말이다.
④ 몸이 튼튼하지 못함 또는 내용이 실속이 없거나 충
실하지 못함을 이르는 말이다.

2 | ②

앙양 … 정신이나 사기 따위를 드높이고 북돋움을 이르는
말이다.

3 | ④

내이는 단단한 뼈로 둘러싸여 있다고 하였다.

4 | ①

원만하다
㉠ 정도나 형편이 표준에 가깝거나 그보다 약간 낮다.
㉡ 허용되는 범위에서 크게 벗어나지 아니한 상태에 있다.

5 | ④

①②③ 공간 - 상품 - 하위상품 순으로 연결되어 있다.

6 | ④

주어진 명제들의 대우 명제를 이용하여 삼단논법에 의한 새로운 참인 명제를 다음과 같이 도출할 수 있다.

- 두 번째 명제의 대우 명제: 홍차를 좋아하는 사람은 배가 아프다. → A
- 세 번째 명제의 대우 명제: 식욕이 좋지 않은 사람은 웃음이 많지 않다. → B

A + 첫 번째 명제 + B → 홍차를 좋아하는 사람은 웃음이 많지 않다.

7 | ④

주어진 조건대로 살펴보면 $D > C > A > B$의 순으로 코스의 길이가 길다. 긴 코스일수록 기울기가 완만하므로 D 코스의 기울기가 가장 완만하다.

8 | ②

홀수 항은 $+5$, 짝수 항은 -5의 규칙을 가진다.
따라서 $12 + 5 = 17$

9 | ④

1, 3, 5, 7항은 $+10$의 규칙을, 2, 4, 6, 8항은 -10의 규칙을 가진다. 따라서 $-5 - 10 = -15$

10 | ③

파일을 내려 받는 데 걸린 시간 : 인터넷 사이트에 접속하는데 걸린 시간$=4 : 1$

12분 30초는 750초이므로

파일을 내려 받는 데 걸린 시간$= 750 \times \dfrac{4}{5} = 600$초

따라서 내려 받은 파일의 크기는 $600 \times 1.5 = 900\,\mathrm{MB}$

11 | ④

A : 월드컵 대표,
B : 올림픽 대표,
C : 청소년 대표라 하면,
$n(A \cup B \cup C) = 48$,
$n(A) = 23$, $n(B) = 23$, $n(C) = 23$,
$n(A \cap B) = 16$, $n(B \cap C) = 5$, $n(C \cap A) = 2$
$n(B \cup C) = n(B) + n(C) - n(B \cap C)$
$\qquad\qquad = 23 + 23 - 5 = 41$
∴ (월드컵대표에만 소속되어 있는 선수)
$\quad = 48 - 41 = 7$

12 | ③

벤치의 수를 x, 동료들의 수를 y로 놓으면
$5x + 4 = y$
$6x = y$
위 두 식을 연립하면
$x = 4$, $y = 24$

13 | ②

원래 가격은 1로 보면
$0.7 \times 0.8 = 0.56$
원래 가격에서 56%의 가격으로 판매를 하는 것이므로 할인율은 44%가 된다.

14 | ③

A 주식의 가격을 x, B 주식의 가격을 y라 하면
$x = 2y$
두 주식을 각각 10주씩 사서 각각 30%, 20% 올랐으므로
$1.3x \times 10 + 1.2y \times 10 = 76,000$
B 주식의 가격을 구해야 하므로 y에 대해 정리하면
$1.3 \times 2y \times 10 + 1.2y \times 10 = 76,000$
$38y = 76,000$
$y = 2,000$원

15 | ②

안경을 낀 학생 수를 x라 하면

안경을 끼지 않은 학생 수는 $x+300$이다.

$x+(x+300)=1,000$이므로 x는 350명이다.

안경을 낀 남학생을 $1.5y$라 하면,

안경을 낀 여학생은 y가 된다.

$y+1.5y=350$이므로 y는 140명이다.

따라서 안경을 낀 여학생 수는 140명이다.

16 | ②

$$\frac{3,000 \times 8.0 + 2,000 \times 6.0}{3,000 + 2,000} = \frac{36,000}{5,000} = 7.2$$

17 | ②

직장, 동창회, 친목 단체는 이익 사회에 해당하며, 이들 집단에서 소속감을 가장 강하게 느낀다고 응답한 비율은 남성이 더 높다.

18 | ④

존귀 … 지위나 신분이 높고 귀함

④ 미천 : 신분이나 지위 따위가 하찮고 천하다.

19 | ②

잡다

㉠ 짐승을 죽이다.

㉡ 권한 따위를 차지하다.

㉢ 실마리, 요점, 단점 따위를 찾아내거나 알아내다.

㉣ 자동차 따위를 타기 위하여 세우다.

20 | ①

② 달이다 → 다리다(옷의 구김을 펴기 위해 다리미로 문지르다.)

③ 벌인 → 벌린(벌리다 : 둘 사이를 넓히거나 멀게 하다.)

④ 너머 → 넘어(넘다 : 경계를 건너 지나다.)

21 | ③

① 기여하고저 → 기여하고자

② 퍼분다 → 퍼붓다

③ 안성마춤 → 안성맞춤, 삵괭이 → 살쾡이, 더우기 → 더욱이, 지그잭(zigzag) → 지그재그

④ 굼주리다 → 굶주리다, 빠리(Paris) → 파리

22 | ④

④ 떠난지 → 떠난 지

23 | ④

보기는 '사람이 죄나 누명 따위를 가지거나 입게 되다'의 뜻이다. 따라서 ④가 적절하다.

① 얼굴에 어떤 물건을 걸거나 덮어쓰다.

② 붓, 펜, 연필과 같이 선을 그을 수 있는 도구로 종이 따위에 획을 그어서 일정한 글자의 모양이 이루어지게 하다.

③ 머릿속에 떠오른 곡을 일정한 기호로 악보 위에 나타내다.

24 | ④

비타민 D는 뼈의 칼슘 흡수를 효율적으로 이루어지게 한다. 비타민 D가 부족하게 되면 골절 위험이 증가하며, 특히 노인의 경우 엉덩이 골절과 관련이 있고, 골다공증, 골연화 등과 같은 질환으로 이어질 수 있다. 비타민 D의 적절한 공급에 가장 효과적인 방법은 매일 일정 시간의 햇빛에 노출하는 것인데, 이는 햇빛에 의해 비타민 D가 몸에서 합성되고, 혈중에 있는 칼슘과 인의 농도를 조절해 뼈를 튼튼하게 만들어주기 때문이다.

25 | ③

단풍, 고추잠자리, 추수를 통해 가을을 연상할 수 있다.

26 | ③

안전, 공무원, 음주 단속을 통해 경찰을 유추할 수 있다. 경찰은 국가 사회의 공공질서와 안녕을 보장하고 국민의 안전과 재산을 보호하는 일을 담당하는 공무원으로, 음주 단속 역시 경찰 업무의 하나이다.

27 | ③

① 제시문에 언급되지 않은 내용이다.
② 극장가가 형성된 것은 1910년부터이다.
④ 변사는 자막과 반주 음악이 등장하면서 점차 소멸하였다.

28 | ②

제시된 문장들의 내용을 종합하면 전체 글에서 주장하는 바는 '정당한 사적 소유의 생성'이라고 요약할 수 있다. 이를 위해 사적 소유의 정당성이 기회균등에서 출발한다는 점을 전제해야 하며 이것은 (다)가 가장 먼저 위치해야 함을 암시한다. 다음으로 (가)에서 재산의 신규취득 유형을 두 가지로 언급하고 있으며, 이 중 하나인 기소유물의 소유권에 대한 설명이 (라)에서 이어지며, (라)단락에 대한 추가 부연 설명이 (나)에서 이어진다고 보는 것이 가장 타당한 문맥의 흐름이 된다.

29 | ①

제시된 글은 인공위성을 군사용 위성과 평화용 위성으로 나누어 각각에 포함되는 것이 무엇이 있는지 설명하고 있다.
② 시간의 흐름에 따른 독서 방식의 변화에 대해 설명하고 있다.
③ 연민이라는 것을 정의하기 위한 요소에 대해 설명하고 있다.
④ 프로이드와 융의 이론에서 주요개념을 비교하여 설명하고 있다.

30 | ①

계산식에 따른 각 건물의 예상높이를 구하면 다음과 같다.

건물 이름	층수	실제높이 (m)	예상높이 (m)	예상높이와 실제높이의 차(m)
부르즈 칼리파	163	828	789	39
스카이 시티	220	838	960	122
나킬 타워	200	1,490	900	590
시티 타워	400	2,400	1,500	900
상하이 타워	128	632	684	52

31 | ③

민수는 고속버스를 싫어하고, 영민이는 자가용을 싫어하므로 비행기로 가는 방법을 선택하면 된다.

32 | ①

약속장소에 도착한 순서는 E − D − A − B − C 순이고, 제시된 사실에 따르면 C가 가장 늦게 도착하긴 했지만 약속시간에 늦었는지는 알 수 없다.

33 | ③

조건에 따라 4명을 원탁에 앉히면 D의 왼쪽과 오른쪽에 앉은 사람은 C − B가 된다.

34 | ③

가장 확실한 조건(B는 204호, F는 203호)을 바탕으로 조건들을 채워나가면 다음과 같다.

a라인	201 H	202 A	203 F	204 B	205 빈방
복도					
b라인	210 G	209 C	208 빈방	207 E	206 D

∴ D의 방은 206호이다.

35 | ①

A가 육각형이라고 가정하면 정이 진술한 내용에서 E가 사각형이 될 수 없다. E가 사각형이 될 수 없으므로 을이 진술한 내용에서 B는 오각형이다. B가 오각형이므로 병이 진술한 내용에서 D는 오각형이 될 수 없으므로 C는 원이 된다. 그리고 C가 원이라면 갑이 진술한 내용에서 C는 삼각형이 될 수 없으므로 D는 사각형이 된다. 그러면 E는 삼각형이 된다.

그러므로 A=육각형, B=오각형, C=원, D=사각형, E=삼각형이 된다.

36 | ②

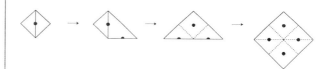

37 | ④

38 | ②

해당 도형을 펼치면 ②가 나타날 수 있다.

39 | ③

1층에 13개, 2층에 6개, 3층에 3개이므로 총 22개 블록이 있다.

40 | ④

ㄱ	ㄞ	ㄗ	ㄝ	ㄙ	ㄎ
ㄖ	ㄅ	ㄈ	ㄕ	ㄡ	ㄒ
ㄌ	ㄣ	ㄑ	ㄟ	ㄏ	ㄚ
ㄘ	ㄜ	ㄔ	ㄓ	ㄢ	ㄍ
ㄊ	ㄇ	ㄆ	ㄉ	ㄤ	ㄛ

41 ②

②

42 | ③

제시된 도형의 경우 뒤에 세 개의 도형을 보고 규칙성을
찾아야 한다. 세 개의 도형을 관찰해 본 결과 화살표 모
양은 135° 나아갔다가 45° 되돌아오고 있다.

43 | ③

③ 첫 번째와 두 번째의 도형이 겹쳐진 것이 세 번째
도형이다.

44 | ②

A	C	Z	B	A	C
X	B	E	A	C	X
C	Y	C	X	Y	B
E	A	D	W	Z	Z
Y	Z	B	Z	E	C
X	E	Y	C	A	V

45 | ②

늑는 위 기호 무리에 제시되지 않았다.

1 | ①

② 박정하고 쌀쌀함을 이르는 말이다.
③ 사람됨이나 행동이 빈틈이 없이 굳세고 단단함을 이르는 말이다.
④ 과일이나 곡식 따위가 알이 들어 단단하게 익음을 이르는 말이다.

2 | ④

무녀리 … 한 배의 새끼 중 맨 먼저 태어난 새끼로 언행이 좀 모자라서 못난 사람을 비유하는 말이다.

3 ④

④ '표준어를 글자로 적는 방식에는 두 가지가 있다.'라는 말에서 두 가지 방식은 소리 나는 대로 적는 방식과 의미가 잘 드러나도록 적는 방식이다. 또한 의미가 잘 드러나도록 적는 방식은 어법을 고려해 적는 방식이다. 그러므로 한글 맞춤법은 소리와 어법을 고려해 표준어를 적는 방법을 규정한 것이라 할 수 있다.
① 한글 맞춤법은 '표준어를 어떻게 글로 적을까'에 대한 원칙을 규정해 놓은 것이지 표준어를 정하는 원칙을 규정한 것이 아니다.
③ 실사를 밝혀 적는다는 것은 어법에 맞도록 적는다는 의미이다.

4 ②

칫솔은 세면도구에 해당하고, 순대는 분식에 해당한다.

5 ②

①③④ '장소 – 주체 – 행위'의 순서로 나열되어 있다.

6 ②

다음의 두 가지 경우가 될 수 있다.
㉠ [앞] 재연 – 승리(약 냉방) – 철수(약 냉방) – 승혁 [뒤]
㉡ [앞] 재연 – 철수(약 냉방) – 승리(약 냉방) – 승혁 [뒤]

7 ③

전제 1 : $p \rightarrow q$
전제 2 : $\sim r \rightarrow p$
결론 : $s \rightarrow r$ (대우 : $\sim r \rightarrow \sim s$)
$p \rightarrow \sim s$ 또는 $q \rightarrow \sim s$가 보충되어야 한다.
그러므로 '기린을 좋아하는 사람은 코끼리를 좋아하지 않는다.' 또는 '얼룩말을 좋아하는 사람은 코끼리를 좋아하지 않는다.'와 이 둘의 대우가 빈칸에 들어갈 수 있다.

8 ③

제시된 숫자들은 17씩 일정하게 증가하는 규칙을 따르는 원리이다.

9 ②

$+2$, $+2^2$, $+2^3$, $+2^4$, $+2^5$, $+2^6$의 규칙을 가진다.

10 ④

B의 나이를 x, C의 나이를 y라 놓으면
A의 나이는 $x+12$, $2y-4$가 되는데 B와 C는 동갑이므로 $x=y$이다.
$x+12=2x-4$
$x=16$
A의 나이는 $16+12=28$살이 된다.

11 ③

$X \times \left(1+\dfrac{20}{100}\right) - 90{,}000 = X \times \left(1+\dfrac{2}{100}\right)$
$1.2X-90{,}000=1.02X$
$0.18X=90{,}000$
$X=500{,}000$원

12 ②

지난 주 판매된 A 메뉴를 x, B 메뉴를 y라 하면
$\begin{cases} x+y=1{,}000 \\ x \times (-0.05) + y \times 0.1 = 1{,}000 \times 0.04 \end{cases}$
두 식을 연립하면 $x=400$, $y=600$
따라서 이번 주에 판매된 A 메뉴는
  $x \times 0.95 = 400 \times 0.95 = 380$명분이다.

13 ①

① B의 최대 총점(국어점수가 84점인 경우)은 263점이다.
② E의 최대 총점(영어점수가 75점, 수학점수가 83점인 경우)은 248점이고 250점 이하이므로 보충수업을 받아야 한다.
③ B의 국어점수와 C의 수학점수에 따라 D는 2위가 아닐 수도 있다.
④ G가 국어를 84점 영어를 75점 받았다면 254점으로 보충수업을 받지 않았을 수도 있다.

14 ②

① 연도별 자동차 수
  $= \dfrac{\text{사망자 수}}{\text{차 1만 대당 사망자 수}} \times 10{,}000$
② 운전자 수가 제시되어 있지 않아서 운전자 1만 명당 사고 발생 건수는 알 수 없다.
③ 자동차 1만 대당 사고율 $= \dfrac{\text{발생 건수}}{\text{자동차 수}} \times 10{,}000$
④ 자동차 1만 대당 부상자 수
  $= \dfrac{\text{부상자 수}}{\text{자동차 수}} \times 10{,}000$

15 ①

국어점수 30점 미만인 사원의 수는 $3+2+3+5+7+4+6=30$명
점수가 구간별로 표시되어 있으므로 구간별로 가장 작은 수와 가장 큰 수를 고려하여 구한다.
영어 평균 점수 최저는
$\dfrac{0\times8+10\times16+20\times6}{30}=9.3$이고
영어 평균 점수 최고는
$\dfrac{9\times8+19\times16+29\times6}{30}=18.3$이다.

16 ②

$110 \div 60 = 1.83$

17 ①

각 제품의 예상 매출액을 구해보면 냉장고는 320억 원으로 실제 매출액과 100억 원 차이가 나고, 에어컨은 8억 원, 김치냉장고는 290억 원, 청소기는 203억 원, 세탁기는 175억 원, 살균건조기는 162억 원, 공기청정기는 135억 원, 전자레인지는 136억 원이 차이가 난다.

18 ①

전체 매출액은 3,379억 원

$\dfrac{590}{3,379} \times 100 = 17.4$

19 ③

미욱하다 … 하는 짓이나 됨됨이가 매우 어리석고 미련하다.

20 ④

갖추다
㉠ 있어야 할 것을 가지거나 차리다.
㉡ 필요한 자세나 태도 따위를 취하다.
㉢ 지켜야 할 도리나 절차를 따르다.

21 ④

① 휴계실 → 휴게실
② 웬지 → 왠지
③ 세워 → 새워

22 ②

② 부는대로 → 부는 대로(의존 명사는 앞말과 띄어 쓴다.)

23 ②

보기는 '뒤에서 보살피고 도와주다'의 뜻이다. 따라서 ②가 적절하다.
① 일정한 방향으로 움직이도록 반대쪽에서 힘을 가하다.
③ 바닥이 반반해지도록 연장을 누르면서 문지르다.
④ 눌러서 얇게 펴다.

24 ②

② 어떤 것을 깊이 생각하고 연구함을 이르는 말이다.
① 자기 마음을 반성하여 살핀다는 뜻이다.
③ 큰 관심 없이 대강 보아 넘기는 것을 뜻한다.
④ 내용 일부를 보태거나 삭제하여 고치는 것을 이르는 말이다.

25 ②

흰머리수리, 도널드, 50을 통해 미국을 연상할 수 있다. 흰머리수리는 미국의 국조이고, 도널드 트럼프는 미국의 전직 대통령이며, 미국은 50개의 주와 1개의 특별구로 이루어져 있다.

26 ④

마이크, 코인, 스피커를 통해 노래방을 유추할 수 있다. 코인 노래방은 곡당 요금을 지불하고 노래를 부를 수 있도록 만든 곳으로, 특히 청소년 사이에서 인기가 있다. 노래방에는 마이크와 스피커가 있다.

27 ③

첫 번째 문단에서 문제를 알면서도 고치지 않았던 두 칸을 수리하는 데 수리비가 많이 들었고, 비가 새는 것을 알자마자 수리한 한 칸은 비용이 많이 들지 않았다고 하였다. 또한 두 번째 문단에서 잘못을 알면서도 바로 고치지 않으면 자신이 나쁘게 되며, 잘못을 알자마자 고치기를 꺼리지 않으면 다시 착한 사람이 될 수 있다 하며 이를 정치에 비유해 백성을 좀먹는 무리들을 내버려 두어서는 안 된다고 서술하였다. 따라서 글의 중심내용으로는 잘못을 알게 되면 바로 고쳐 나가는 것이 중요하다가 적합하다.

28 ②

㈒는 '그것은'으로 시작하는데 '그것'이 무엇인지에 대한 설명이 필요하기 때문에 ㈒는 첫 번째 문장으로 올 수 없다. 따라서 첫 번째 문장은 ㈎가 된다. '겉모습'을 인물 그려내기라고 인식하기 쉽다는 일반적인 통념을 언급하는 ㈎의 다음 문장으로, '하지만'으로 연결하며 '내면'에 대해 말하는 ㈐가 적절하다. 또 ㈐ 후반부의 '눈에 보이는 것 거의 모두'를 ㈑에서 이어 받고 있으며, ㈑의 '공간'에 대한 개념을 ㈒에서 보충 설명하고 있다.

29 ③

두 번째 문단 후반부에서 내적 형상이 물체에 옮겨진 형상과 동일한 것은 아니라고 하면서, '돌이 조각술에 굴복하는 정도'에 응해서 내적 형상이 내재한다고 하였다.
① 두 번째 문단 첫 문장에서 '형상'이 질료 속에 있는 것이 아니라, 장인의 안에 존재하던 것임을 알 수 있다.
② 첫 번째 문단 마지막 문장에서 질료 자체에는 질서가 없다고 했으므로, 지문의 '질료 자체의 질서와 아름다움'이라는 표현이 잘못되었다.
④ 마지막 문장에 의하면, 장인에 의해 구현된 '내적 형상'을 감상자가 복원함으로써 아름다움을 느낄 있다고 하였다. 자연 그대로의 돌덩어리에서는 복원할 '내적 형상'이 있다고 할 수 없다.

30 ④

④ 조건에 따라 순번을 매겨 높은 순으로 정리하면 B→D→A→E→C가 된다.

31 ④

B의 진술이 거짓이라면 C와 D는 거짓말쟁이가 아니므로 진실을 말한 사람이 두 사람이 되므로 진실을 얘기하고 있는 사람이 한 명 뿐이라는 단서와 모순이 생기므로 B의 진술이 진실이다. B의 진술이 진실이고 모두의 진술이 거짓이므로 A의 거짓진술에 의해 B는 범인이 아니며, C의 거짓진술에 의해 A도 범인이 아니다. D의 거짓진술에 의해 범인은 D가 된다.

32 ③

① '병'과 '기'가 같은 조여서는 안 된다.
②④ '을'이 '정' 또는 '기'와 같은 조가 아니다.

33 ③

평가항목 음식점	음식 종류	이동 거리	1인분 가격	평점 (★ 5개 만점)	예약 가능 여부	총점
북경반점	2	4	5	1	1	13
샹젤리제	3	3	4	2	1	13
경복궁	4	5	2	3	0	14
아사이타워	5	1	3	4	0	13
광화문	4	2	1	5	0	12

34 ②

D	F	E	–	엘리베이터
B	A	C	G	

35 ③

36 ③

37 ①

해당 도형을 펼치면 ①이 나타날 수 있다.

38 ③

오른쪽으로 90° 회전했을 때 ③과 같이 된다.

39 ①

제시된 도형을 조합하면 ①이 된다.

40 ④

가을	가지	가구	가을	**가열**	가족
가열	가방	가상	가망	가치	가지
가지	가사	가방	**가열**	가사	가구
가구	가을	가사	가상	가구	가축
가방	**가열**	가망	가지	가사	가망
가족	가지	가구	가상	가망	가을

41 ③

'시계'는 위 문자 무리에 제시되지 않았다.

42 ①

② 평면과 정면의 모양이 제시된 모양과 다르다.
③ 정면과 측면의 모양이 제시된 모양과 다르다.
④ 평면과 측면의 모양이 제시된 모양과 다르다.

43 ②

44 ③

1층에 16개, 2층에 9개, 3층에 5개이므로 총 30개 블록이 있다.

45 ②

② 각 행마다 반시계 방향으로 45°씩 회전하고 있으며 끝 부분의 도형은 모두 모양이 다르다.

경상북도교육청
교육공무직원

직무능력검사 핵심이론

01 언어논리력

1 어휘

01. 언어유추

(1) 동의어

두 개 이상의 단어가 소리는 다르나 의미가 같아 모든 문맥에서 서로 대치되어 쓰일 수 있는 것을 동의어라고 한다. 그러나 이렇게 쓰일 수 있는 동의어의 수는 극히 적다. 말이란 개념뿐만 아니라 느낌까지 싣고 있어서 문장 환경에 따라 미묘한 차이가 있기 때문이다. 따라서 동의어는 의미와 결합성의 일치로써 완전동의어와 의미의 범위가 서로 일치하지는 않으나 공통되는 부분의 의미를 공유하는 부분동의어로 구별된다.

① 완전동의어 … 둘 이상의 단어가 그 의미의 범위가 서로 일치하여 모든 문맥에서 치환이 가능하다.
　　예 사람 : 인간, 사망 : 죽음

② 부분동의어 … 의미의 범위가 서로 일치하지는 않으나 공통되는 어느 부분만 의미를 서로 공유하는 부분적인 동의어이다. 부분동의어는 일반적으로 유의어(類義語)라 불린다. 사실, 동의어로 분류되는 거의 모든 낱말들이 부분동의어에 속한다.
　　예 이유 : 원인

(2) 유의어

둘 이상의 단어가 소리는 다르면서 뜻이 비슷할 때 유의어라고 한다. 유의어는 뜻은 비슷하나 단어의 성격 등이 다른 경우에 해당하는 것이다. A와 B가 유의어라고 했을 때 문장에 들어 있는 A를 B로 바꾸면 문맥이 이상해지는 경우가 있다. 예를 들어 어머니, 엄마, 모친(母親)은 자손을 출산한 여성을 자식의 관점에서 부르는 호칭으로 유의어이다. 그러나 "어머니, 학교 다녀왔습니다."라는 문장을 "모친, 학교 다녀왔습니다."라고 바꾸면 문맥상 자연스럽지 못하게 된다.

(3) 동음이의어

둘 이상의 단어가 소리는 같으나 의미가 다를 때 동음이의어라고 한다. 동음이의어는 문맥과 상황에 따라, 말소리의 길고 짧음에 따라, 한자에 따라 의미를 구별할 수 있다.

예 • 밥을 먹었더니 배가 부르다. (복부)
　　• 과일 가게에서 배를 샀다. (과일)
　　• 항구에 배가 들어왔다. (선박)

(4) 다의어

하나의 단어에 뜻이 여러 가지인 단어로 대부분의 단어가 다의를 갖고 있기 때문에 의미 분석이 어려운 것이라고 볼 수 있다. 하나의 의미만 갖는 단의어 및 동음이의어와 대립되는 개념이다.

예 • 밥 먹기 전에 가서 손을 씻고 오너라. (신체)
　　• 너무 바빠서 손이 모자란다. (일손)
　　• 우리 언니는 손이 큰 편이야. (씀씀이)
　　• 그 사람과는 손을 끊어라. (교제)
　　• 그 사람의 손을 빌렸다. (도움)
　　• 넌 나의 손에 놀아난 거야. (꾀)
　　• 저 사람 손에 집이 넘어가게 생겼다. (소유)
　　• 반드시 내 손으로 해내고 말겠다. (힘, 역량)

(5) 반의어

단어들의 의미가 서로 반대되거나 짝을 이루어 서로 관계를 맺고 있는 경우가 있다. 이를 '반의어 관계'라고 한다. 그리고 이러한 반의관계에 있는 어휘를 반의어라고 한다. 반의 및 대립 관계를 형성하는 어휘 쌍을 일컫는 용어들은 관점과 유형에 따라 '반대말, 반의어, 반대어, 상대어, 대조어, 대립어' 등으로 다양하다. 반의관계에서 특히 중간 항이 허용되는 관계를 '반대관계'라고 하며, 중간 항이 허용되지 않는 관계를 '모순관계'라고 한다.

> **예** • 반대관계 : 크다 ↔ 작다
> • 모순관계 : 남자 ↔ 여자

(6) 상·하의어

단어의 의미 관계로 보아 어떤 단어가 다른 단어에 포함되는 경우를 '하의어 관계'라고 하고, 이러한 관계에 있는 어휘가 상의어·하의어이다. 상의어로 갈수록 포괄적이고 일반적이며, 하의어로 갈수록 한정적이고 개별적인 의미를 지닌다. 따라서 하의어는 상의어에 비해 자세하다.

① 상의어…다른 단어의 의미를 포함하는 단어를 말한다.
> **예** 꽃

② 하의어 … 다른 단어의 의미에 포함되는 단어를 말한다.
> **예** 장미, 국화, 맨드라미, 수선화, 개나리 등

02. 생활어휘

(1) 단위를 나타내는 말

① 길이

뼘	엄지손가락과 다른 손가락을 완전히 펴서 벌렸을 때에 두 끝 사이의 거리
발	한 발은 두 팔을 양옆으로 펴서 벌렸을 때 한쪽 손끝에서 다른 쪽 손끝까지의 길이
길	한 길은 여덟 자 또는 열 자로 약 3m에 해당함. 사람의 키 정도의 길이
치	길이의 단위. 한 치는 한 자의 10분의 1 또는 약 3.33cm
자	길이의 단위. 한 자는 한 치의 열 배로 약 30.3cm
리	거리의 단위. 1리는 약 0.393km
마장	거리의 단위. 오 리나 십 리가 못 되는 거리

② 부피

술	한 술은 숟가락 하나 만큼의 양
홉	곡식의 부피를 재기 위한 기구들이 만들어지고, 그 기구들의 이름이 그대로 부피를 재는 단위가 된다. '홉'은 그 중 가장 작은 단위(180ml에 해당)이며, 곡식 외에 가루, 액체 따위의 부피를 잴 때도 쓰임(10홉 = 1되, 10되 = 1말, 10말 = 1섬).
되	곡식이나 액체 따위의 분량을 헤아리는 단위. '말'의 10분의 1, '홉'의 10배이며, 약 1.8l
섬	곡식·가루·액체 따위의 부피를 잴 때 씀. 한 섬은 한 말의 열 배로 약 180l

③ 무게

돈	귀금속이나 한약재 따위의 무게를 잴 때 쓰는 단위. 한 돈은 한 냥의 10분의 1, 한 푼의 열 배로 3.75g
냥	한 냥은 귀금속 무게를 잴 때는 한 돈의 열 배이고, 한약재의 무게를 잴 때는 한 근의 16분의 1로 37.5g
근	고기나 한약재의 무게를 잴 때는 600g에 해당하고, 과일이나 채소 따위의 무게를 잴 때는 한 관의 10분의 1로 375g
관	한 관은 한 근의 열 배로 3.75kg

④ 낱개

개비	가늘고 짤막하게 쪼개진 도막을 세는 단위
그루	식물, 특히 나무를 세는 단위
닢	가마니, 돗자리, 멍석 등을 세는 단위
땀	바느질할 때 바늘을 한 번 뜬, 그 눈
마리	짐승이나 물고기, 벌레 따위를 세는 단위
모	두부나 묵 따위를 세는 단위
올(오리)	실이나 줄 따위의 가닥을 세는 단위
자루	필기 도구나 연장, 무기 따위를 세는 단위
채	집이나 큰 가구, 기물, 가마, 상여, 이불 등을 세는 단위
코	그물이나 뜨개질한 물건에서 지어진 하나 하나의 매듭
타래	사리어 뭉쳐 놓은 실이나 노끈 따위의 뭉치를 세는 단위
톨	밤이나 곡식의 낟알을 세는 단위
통	배추나 박 따위를 세는 단위
포기	뿌리를 단위로 하는 초목을 세는 단위

⑤ 넓이

평	땅 넓이의 단위. 한 평은 여섯 자 제곱으로 약 3.3058m^2
홉지기	땅 넓이의 단위. 한 홉은 1평의 10분의 1
마지기	논과 밭의 넓이를 나타내는 단위. 한 마지기는 볍씨 한 말의 모 또는 씨앗을 심을 만한 넓이로, 지방마다 다르나 논은 약 150~300평. 밭은 약 100평 정도
되지기	넓이의 단위. 한 되지기는 볍씨 한 되의 모 또는 씨앗을 심을 만한 넓이로 한 마지기의 10분의 1
섬지기	논과 밭의 넓이를 나타내는 단위. 한 섬지기는 볍씨 한 섬의 모 또는 씨앗을 심을 만한 넓이로, 한 마지기의 10배이며, 논은 약 2,000평, 밭은 약 1,000평 정도
간	가옥의 넓이를 나타내는 말. '간'은 네 개의 도리로 둘러싸인 면적의 넓이로, 약 6자×6자 정도의 넓이

⑥ 수량

갓	굴비, 고사리 따위를 묶어 세는 단위. 고사리 따위 10모숨을 한 줄로 엮은 것
꾸러미	달걀 10개
동	붓 10자루
두름	조기 따위의 물고기를 짚으로 한 줄에 10마리씩 두 줄로 엮은 것을 세는 단위. 고사리 따위의 산나물을 10모숨 정도로 엮은 것을 세는 단위
벌	옷이나 그릇 따위가 짝을 이루거나 여러 가지가 모여 갖추어진 한 덩이를 세는 단위
손	한 손에 잡을 만한 분량을 세는 단위. 조기·고등어·배추 따위의 한 손은 큰 것과 작은 것을 합한 것을 이르고, 미나리나 파 따위 한 손은 한 줌 분량을 말함
쌈	바늘 24개를 한 묶음으로 하여 세는 단위
접	채소나 과일 따위를 묶어 세는 단위. 한 접은 채소나 과일 100개
제(劑)	탕약 20첩 또는 그만한 분량으로 지은 환약
죽	옷이나 그릇 따위의 10벌을 묶어 세는 단위
축	오징어를 묶어 세는 단위. 오징어 한 축은 20마리
켤레	신, 양말, 버선, 방망이 따위의 짝이 되는 2개를 한 벌로 세는 단위
쾌	북어 20마리
톳	김을 묶어 세는 단위. 김 한 톳은 100장

(2) 나이에 관한 어휘

나이	어휘	나이	어휘
10대	충년(沖年)	15세	지학(志學)
20세	약관(弱冠)	30세	이립(而立)
40세	불혹(不惑)	50세	지천명(知天命)
60세	이순(耳順)	61세	환갑(還甲), 화갑(華甲), 회갑(回甲)
62세	진갑(進甲)	70세	고희(古稀)
77세	희수(喜壽)	80세	산수(傘壽)
88세	미수(米壽)	90세	졸수(卒壽)
99세	백수(白壽)	100세	기원지수(期願之壽)

(3) 가족에 관한 호칭

구분	본인의 가족		타인의 가족	
	생전	사후	생전	사후
父 (아버지)	家親(가친) 嚴親(엄친) 父主(부주)	先親(선친) 先考(선고) 先父君 (선부군)	春府丈 (춘부장) 椿丈(춘장) 椿當(춘당)	先大人 (선대인) 先考丈 (선고장) 先人(선인)
母 (어머니)	慈親(자친) 母生(모생) 家慈(가자)	先妣(선비) 先慈(선자)	慈堂(자당) 大夫人 (대부인) 萱堂(훤당) 母堂(모당) 北堂(북당)	先大夫人 (선대부인) 先大夫 (선대부)
子 (아들)	家兒(가아) 豚兒(돈아) 家豚(가돈) 迷豚(미돈)		令郎(영랑) 令息(영식) 令胤(영윤)	
女 (딸)	女兒(여아) 女息(여식) 息鄙(식비)		令愛(영애) 令嬌(영교) 令孃(영양)	

(4) 어림수를 나타내는 수사, 수관형사

한두	하나나 둘쯤	예 어려움이 한두 가지가 아니다.
두세	둘이나 셋	예 두세 마리
두셋	둘 또는 셋	예 사람 두셋
두서너	둘, 혹은 서너	예 과일 두서너 개
두서넛	둘 혹은 서넛	예 과일을 두서넛 먹었다.
두어서너	두서너	
서너	셋이나 넷쯤	예 쌀 서너 되
서넛	셋이나 넷	예 사람 서넛
서너너덧	서넛이나 너덧. 셋이나 넷 또는 넷이나 다섯	예 서너너덧 명
너덧	넷 가량	예 너덧 개
네댓	넷이나 다섯 가량	
네다섯	넷이나 다섯	
대엿	대여섯. 다섯이나 여섯 가량	
예닐곱	여섯이나 일곱	예 예닐곱 사람이 왔다.
일여덟	일고여덟	예 과일 일여덟 개

2 어법

01. 한글 맞춤법

(1) 표기원칙

한글 맞춤법은 표준어를 소리대로 적되, 어법에 맞도록 함을 원칙으로 한다.

(2) 맞춤법에 유의해야 할 말

① 한 단어 안에서 뚜렷한 까닭 없이 나는 된소리는 다음 음절의 첫소리를 된소리로 적는다.
> 예 소쩍새, 아끼다, 어떠하다, 해쓱하다, 거꾸로, 가끔, 어찌, 이따금, 산뜻하다, 몽땅

> ※ 다만, 'ㄱ, ㅂ' 받침 뒤에서는 된소리로 적지 아니한다.
> > 예 국수, 깍두기, 색시, 싹둑, 법석, 갑자기, 몹시, 딱지

② 'ㄷ' 소리로 나는 받침 중에서 'ㄷ'으로 적을 근거가 없는 것은 'ㅅ'으로 적는다.
> 예 덧저고리, 돗자리, 엇셈, 웃어른, 핫옷, 무릇, 사뭇, 얼핏, 자칫하면

③ '계, 례, 몌, 폐, 혜'의 'ㅖ'는 'ㅔ'로 소리 나는 경우가 있더라도 'ㅖ'로 적는다.
> 예 계수(桂樹), 혜택(惠澤), 사례(謝禮), 연몌(連袂), 계집, 핑계

> ※ 다만, 다음 말은 본음대로 적는다.
> > 예 게송(偈頌), 게시판(揭示板), 휴게실(休憩室)

④ '의'나, 자음을 첫소리로 가지고 있는 음절의 'ㅢ'는 'ㅣ'로 소리 나는 경우가 있더라도 'ㅢ'로 적는다.
> 예 무늬(紋), 보늬, 늴리리, 닝큼, 오늬, 하늬바람

⑤ 한자음 '녀, 뇨, 뉴, 니'가 단어 첫머리에 올 적에는 두음 법칙에 따라 '여, 요, 유, 이'로 적는다.
> 예 여자(女子), 요소(尿素), 유대(紐帶), 익명(匿名)

> ※ 다만, 다음과 같은 의존 명사에서는 '냐, 녀' 음을 인정한다.

> > 예 냥(兩), 냥쭝(兩-), 년(年)(몇 년)

> ㉠ 단어의 첫머리 이외의 경우에는 본음대로 적는다.
> > 예 남녀(男女), 당뇨(糖尿), 결뉴(結紐), 은닉(隱匿)

> ㉡ 접두사처럼 쓰이는 한자가 붙어서 된 말이나 합성어에서, 뒷말의 첫소리가 'ㄴ' 소리로 나더라도 두음 법칙에 따라 적는다.
> > 예 신여성(新女性), 공염불(空念佛), 남존여비(男尊女卑)

⑥ 한자음 '랴, 려, 례, 료, 류, 리가 단어의 첫머리에 올 적에는 두음 법칙에 따라 '야, 여, 예, 요, 유, 이'로 적는다.
> 예 양심(良心), 용궁(龍宮), 역사(歷史), 유행(流行), 예의(禮儀), 이발(理髮)

> ※ 다만, 다음과 같은 의존 명사는 본음대로 적는다.
> > 예 리(里) : 몇 리냐? / 리(理) : 그럴 리가 없다.

> ㉠ 단어의 첫머리 이외의 경우에는 본음대로 적는다.
> > 예 개량(改良), 선량(善良), 협력(協力), 혼례(婚禮), 와룡(臥龍), 쌍룡(雙龍), 낙뢰(落雷), 광한루(廣寒樓), 동구릉(東九陵), 가정란(家庭欄)

> ※ 다만, 모음이나 'ㄴ' 받침 뒤에 이어지는 '렬, 률'은 '열, 율'로 적는다.
> > 예 나열(羅列), 진열(陳列), 선율(旋律), 비율(比率), 규율(規律), 분열(分裂), 백분율(百分率)

> ㉡ 준말에서 본음으로 소리 나는 것은 본음대로 적는다.
> > 예 국련(국제연합), 대한교련(대한교육연합회)

> ㉢ 접두사처럼 쓰이는 한자가 붙어서 된 말이나 합성어에서 뒷말의 첫소리가 'ㄴ' 또는 'ㄹ' 소리로 나더라도 두음 법칙에 따라 적는다.
> > 예 역이용(逆利用), 연이율(年利率), 열역학(熱力學), 해외여행(海外旅行)

⑦ 한 단어 안에서 같은 음절이나 비슷한 음절이 겹쳐 나는 부분은 같은 글자로 적는다.
> 예 똑딱똑딱, 쓱싹쓱싹, 씁쓸하다, 유유상종(類類相從)

⑧ 용언의 어간과 어미는 구별하여 적는다.
> 예 먹다, 먹고, 먹어, 먹으니

> ㉠ 두 개의 용언이 어울려 한 개의 용언이 될 적에, 앞말의 본뜻이 유지되고 있는 것은 그 원형을 밝히어 적고, 그 본뜻에서 멀어진 것은 밝히어 적지 아니한다.

• 앞말의 본뜻이 유지되고 있는 것
> 예 넘어지다, 늘어나다, 돌아가다, 되짚어가다, 엎어지다, 흩어지다
• 본뜻에서 멀어진 것
> 예 드러나다, 사라지다, 쓰러지다

ⓒ 종결형에서 사용되는 어미 '-오'는 '요'로 소리 나는 경우가 있더라도 그 원형을 밝혀 '오'로 적는다.
> 예 이것은 책이오.

ⓒ 연결형에서 사용되는 '이요'는 '이요'로 적는다.
> 예 이것은 책이요, 저것은 붓이요, 또 저것은 먹이다.

⑨ 어미 뒤에 덧붙는 조사 '요'는 '요'로 적는다.
> 예 읽어요, 참으리요, 좋지요

⑩ 어간에 '-이'나 '-음 / -ㅁ'이 붙어서 명사로 된 것과 '-이'나 '-히'가 붙어서 부사로 된 것은 그 어간의 원형을 밝히어 적는다.
> 예 얼음, 굳이, 더욱이, 일찍이, 익히, 앎, 만듦, 짓궂이, 밝히

ⓒ 어간에 '-이'나 '-음'이 붙어서 명사로 바뀐 것이라도 그 어간의 뜻과 멀어진 것은 원형을 밝히어 적지 아니한다.
> 예 굽도리, 다리(髢), 목거리(목병), 무녀리, 거름(비료), 고름(膿), 노름(도박)

ⓒ 어간에 '-이'나 '-음' 이외의 모음으로 시작된 접미사가 붙어서 다른 품사로 바뀐 것은 그 어간의 원형을 밝히어 적지 아니한다.
> 예 귀머거리, 까마귀, 너머, 마개, 비렁뱅이, 쓰레기, 올가미, 주검, 도로, 뜨덤뜨덤, 바투, 비로소

⑪ 명사 뒤에 '-이'가 붙어서 된 말은 그 명사의 원형을 밝히어 적는다.
> 예 곳곳이, 낱낱이, 몫몫이, 샅샅이, 집집이, 곰배팔이, 바둑이, 삼발이, 애꾸눈이, 육손이, 절뚝발이 / 절름발이, 딸깍발이

※ '-이' 이외의 모음으로 시작된 접미사가 붙어서 된 말은 그 명사의 원형을 밝히어 적지 아니한다.
> 예 꼬락서니, 끄트머리, 모가치, 바가지, 사타구니, 싸라기, 이파리, 지붕, 지푸라기, 짜개

⑫ '-하다'나 '-거리다'가 붙는 어근에 '-이'가 붙어서 명사가 된 것은 그 원형을 밝히어 적는다.
> 예 깔쭉이, 살살이, 꿀꿀이, 눈깜짝이, 오뚝이, 더펄이, 코납작이, 배불뚝이, 푸석이, 홀쭉이

※ '-하다'나 '-거리다'가 붙을 수 없는 어근에 '-이'나 또는 다른 모음으로 시작되는 접미사가 붙어서 명사가 된 것은 그 원형을 밝히어 적지 아니한다.
> 예 개구리, 귀뚜라미, 깍두기, 꽹과리, 날라리, 두드러기, 딱따구리, 부스러기, 뻐꾸기, 얼루기, 칼싹두기

⑬ '-하다'가 붙는 어근에 '-히'나 '-이'가 붙어 부사가 되거나, 부사에 '-이'가 붙어서 뜻을 더하는 경우에는, 그 어근이나 부사의 원형을 밝히어 적는다.
> 예 급히, 꾸준히, 도저히, 딱히, 어렴풋이, 깨끗이, 곰곰이, 더욱이, 생긋이, 오뚝이, 일찍이, 해죽이

※ '-하다'가 붙지 않는 경우에는 소리대로 적는다.
> 예 갑자기, 반드시(꼭), 슬며시

⑭ 사이시옷은 다음과 같은 경우에 받치어 적는다.
ⓒ 순 우리말로 된 합성어로서 앞말이 모음으로 끝난 경우
• 뒷말의 첫소리가 된소리로 나는 것
> 예 귓밥, 나룻배, 나뭇가지, 냇가, 댓가지, 뒷갈망, 맷돌, 머릿기름, 모깃불, 부싯돌, 선짓국, 잇자국, 쳇바퀴, 킷값, 핏대, 혓바늘
• 뒷말의 첫소리 'ㄴ, ㅁ' 앞에서 'ㄴ' 소리가 덧나는 것
> 예 멧나물, 아랫니, 텃마당, 아랫마을, 뒷머리, 잇몸, 깻묵
• 뒷말의 첫소리 모음 앞에서 'ㄴㄴ' 소리가 덧나는 것
> 예 도리깻열, 뒷윷, 두렛일, 뒷일, 뒷입맛, 베갯잇, 욧잇, 깻잎, 나뭇잎, 댓잎

ⓒ 순 우리말과 한자어로 된 합성어로서 앞말이 모음으로 끝난 경우
• 뒷말의 첫소리가 된소리로 나는 것
> 예 귓병, 머릿방, 샛강, 아랫방, 자릿세, 전셋집, 찻잔, 콧병, 탯줄, 텃세, 햇수, 횟배

- 뒷말의 첫소리 'ㄴ, ㅁ' 앞에서 'ㄴ' 소리가 덧나는 것
  - 예 곗날, 제삿날, 훗날, 툇마루, 양칫물
- 뒷말의 첫소리 모음 앞에서 'ㄴㄴ' 소리가 덧나는 것
  - 예 가욋일, 사삿일, 예삿일, 훗일
ⓒ 두 음절로 된 다음 한자어
  - 예 곳간(庫間), 셋방(貰房), 숫자(數字), 찻간(車間), 툇간(退間), 횟수(回數)
  - ※ 사이시옷을 붙이지 않는 경우
    - 예 개수(個數), 전세방(傳貰房), 초점(焦點), 대구법(對句法)

⑮ 두 말이 어울릴 적에 'ㅂ' 소리나 'ㅎ' 소리가 덧나는 것은 소리대로 적는다.
  - 예 댑싸리, 멥쌀, 볍씨, 햅쌀, 머리카락, 살코기, 수컷, 수탉, 안팎, 암캐, 암탉

⑯ 어간의 끝음절 '하'의 'ㅏ'가 줄고 'ㅎ'이 다음 음절의 첫소리와 어울려 거센소리로 될 적에는 거센소리로 적는다.

본말	준말	본말	준말
간편하게	간편케	다정하다	다정타
연구하도록	연구토록	정결하다	정결타
가하다	가타	흔하다	흔타

㉠ 어간의 끝음절 '하'가 아주 줄 적에는 준 대로 적는다.

본말	준말	본말	준말
거북하지	거북지	넉넉하지 않다	넉넉지 않다
생각하건대	생각건대	생각하다 못해	생각다 못해
섭섭하지 않다	섭섭지 않다	익숙하지 않다	익숙지 않다

㉡ 다음과 같은 부사는 소리대로 적는다.
  - 예 결단코, 결코, 기필코, 무심코, 아무튼, 요컨대, 정녕코, 필연코, 하마터면, 하여튼, 한사코

⑰ 부사의 끝음절이 분명히 '이'로만 나는 것은 '-이'로 적고, '히'로만 나거나 '이'나 '히'로 나는 것은 '-히'로 적는다.
  - ㉠ '이'로만 나는 것
    - 예 가붓이, 깨끗이, 나붓이, 느긋이, 둥긋이, 따뜻이, 반듯이, 버젓이, 산뜻이, 의젓이, 가까이, 고이, 날카로이, 대수로이, 번거로이, 많이, 적이, 겹겹이, 번번이, 일일이, 틈틈이
  - ㉡ '히'로만 나는 것
    - 예 극히, 급히, 딱히, 속히, 작히, 족히, 특히, 엄격히, 정확히
  - ㉢ '이, 히'로 나는 것
    - 예 솔직히, 가만히, 소홀히, 쓸쓸히, 정결히, 꼼꼼히, 열심히, 급급히, 답답히, 섭섭히, 공평히, 분명히, 조용히, 간소히, 고요히, 도저히

⑱ 한자어에서 본음으로도 나고 속음으로도 나는 것은 각각 그 소리에 따라 적는다.

본음으로 나는 것	속음으로 나는 것
승낙(承諾)	수락(受諾), 쾌락(快諾), 허락(許諾)
만난(萬難)	곤란(困難), 논란(論難)
안녕(安寧)	의령(宜寧), 회령(會寧)
분노(忿怒)	대로(大怒), 희로애락(喜怒哀樂)
토론(討論)	의논(議論)
오륙십(五六十)	오뉴월, 유월(六月)
목재(木材)	모과(木瓜)
십일(十日)	시방정토(十方淨土), 시왕(十王), 시월(十月)
팔일(八日)	초파일(初八日)

⑲ 다음과 같은 접미사는 된소리로 적는다.
  - 예 심부름꾼, 귀때기, 익살꾼, 볼때기, 일꾼, 판자때기, 뒤꿈치, 장난꾼, 팔꿈치, 지게꾼, 이마빼기, 코빼기, 객쩍다, 성깔, 겸연쩍다

⑳ 두 가지로 구별하여 적던 다음 말들은 한 가지로 적는다.
  - 예 맞추다(마추다×) : 입을 맞춘다. 양복을 맞춘다.
    뻗치다(뻐치다×) : 다리를 뻗친다. 멀리 뻗친다.

  - ※ '-더라, -던'과 '-든지'는 다음과 같이 적는다.

8

ⓐ 지난 일을 나타내는 어미는 '-더라, -던'으로 적는다.
   예 지난겨울은 몹시 춥더라. 그 사람 말 잘하던데!
ⓑ 물건이나 일의 내용을 가리지 아니하는 뜻을 나타내는 조사와 어미는 '-든지'로 적는다.
   예 배든지 사과든지 마음대로 먹어라. 가든지 오든지 마음대로 해라.

(3) 띄어쓰기

문장의 각 단어는 띄어 씀을 원칙으로 한다(다만, 조사는 붙여 씀).

① 조사는 그 앞말에 붙여 쓴다.
   예 너조차, 꽃마저, 꽃입니다, 꽃처럼, 어디까지나, 거기도, 멀리는, 웃고만
② 의존 명사는 띄어 쓴다.
   예 아는 것이 힘이다. 나도 할 수 있다. 먹을 만큼 먹어라. 아는 이를 만났다.
③ 단위를 나타내는 명사는 띄어 쓴다.
   예 한 개, 차 한 대, 금 서 돈, 조기 한 손, 버선 한 죽
   ※ 다만, 순서를 나타내는 경우나 숫자와 어울리어 쓰이는 경우에는 붙여 쓸 수 있다.
      예 두시 삼십분 오초, 제일과, 삼학년, 1446년 10월 9일, 2대대, 16동 502호, 제1어학 실습실
④ 수를 적을 적에는 '만(萬)' 단위로 띄어 쓴다.
   예 십이억 삼천사백오십육만 칠천팔백구십팔, 12억 3456만 7898
⑤ 두 말을 이어 주거나 열거할 적에 쓰이는 말들은 띄어 쓴다.
   예 국장 겸 과장, 열 내지 스물, 청군 대 백군, 이사장 및 이사들
⑥ 단음절로 된 단어가 연이어 나타날 적에는 붙여 쓸 수 있다.
   예 그때 그곳, 좀더 큰것, 이말 저말, 한잎 두잎

⑦ 보조 용언은 띄어 씀을 원칙으로 하되, 경우에 따라 붙여 씀도 허용한다.

원칙	허용
불이 꺼져 간다.	불이 꺼져간다.
내 힘으로 막아 낸다.	내 힘으로 막아낸다.
어머니를 도와 드린다.	어머니를 도와드린다.
비가 올 성싶다.	비가 올성싶다.
잘 아는 척한다.	잘 아는척한다.

⑧ 성과 이름, 성과 호 등은 붙여 쓰고, 이에 덧붙는 호칭어, 관직명 등은 띄어 쓴다.
   예 서화담(徐花潭), 채영신 씨, 최치원 선생, 박동식 박사, 충무공 이순신 장군
⑨ 성명 이외의 고유 명사는 단어별로 띄어 씀을 원칙으로 하되, 단위별로 띄어 쓸 수 있다.
   예 한국 대학교 사범 대학(원칙), 한국대학교 사범대학(허용)

02. 표준어 규정

(1) 제정 원칙

표준어는 교양 있는 사람들이 두루 쓰는 현대 서울말로 정함을 원칙으로 한다.

(2) 주요 표준어

① 다음 단어들은 거센소리를 가진 형태를 표준어로 삼는다.
   예 끄나풀, 빈 칸, 부엌, 살쾡이, 녘
② 어원에서 멀어진 형태로 굳어져서 널리 쓰이는 것은, 그것을 표준어로 삼는다.
③ 다음 단어들은 의미를 구별함이 없이, 한 가지 형태만을 표준어로 삼는다.
   예 돌, 둘째, 셋째, 넷째, 열두째, 빌리다
④ 수컷을 이르는 접두사는 '수-'로 통일한다.
   예 수꿩, 수소, 수나사, 수놈, 수사돈, 수은행나무

㉠ 다음 단어에서는 접두사 다음에서 나는 거센소리
　를 인정한다. 접두사 '암-'이 결합되는 경우에도
　이에 준한다.
　　예 수캉아지, 수캐, 수컷, 수키와, 수탉, 수탕나귀,
　　　수톨쩌귀, 수퇘지, 수평아리
㉡ 다음 단어의 접두사는 '숫-'으로 한다.
　　예 숫양, 숫쥐, 숫염소
⑤ 양성 모음이 음성 모음으로 바뀌어 굳어진 다음 단어
　는 음성 모음 형태를 표준어로 삼는다.
　　예 깡충깡충, -둥이, 발가숭이, 보퉁이, 뻗정다리, 아서,
　　　아서라, 오뚝이, 주추
　※ 다만, 어원 의식이 강하게 작용하는 다음 단어에서
　　는 양성 모음 형태를 그대로 표준어로 삼는다.
　　　예 부조(扶助), 사돈(査頓), 삼촌(三寸)
⑥ 'ㅣ' 역행 동화 현상에 의한 발음은 원칙적으로 표준
　발음으로 인정하지 아니하되, 다만 다음 단어들은 그
　러한 동화가 적용된 형태를 표준어로 삼는다.
　예 풋내기, 냄비, 동댕이치다
　㉠ 다음 단어는 'ㅣ' 역행 동화가 일어나지 아니한 형
　　태를 표준으로 삼는다.
　　　예 아지랑이
　㉡ 기술자에게는 '-장이', 그 외에는 '-쟁이'가 붙는
　　형태를 표준어로 삼는다.
　　　예 미장이, 유기장이, 멋쟁이, 소금쟁이, 담쟁이덩굴
⑦ 다음 단어는 모음이 단순화한 형태를 표준어로 삼는다.
　예 괴팍하다, 미루나무, 미륵, 여느, 으레, 케케묵다, 허
　　우대
⑧ 다음 단어에서는 모음의 발음 변화를 인정하여, 발음
　이 바뀌어 굳어진 형태를 표준어로 삼는다.
　예 깍쟁이, 나무라다, 바라다, 상추, 주책, 지루하다, 튀
　　기, 허드레, 호루라기, 시러베아들
⑨ '웃-' 및 '윗-'은 명사 '위'에 맞추어 '윗-'으로 통일한다.
　예 윗도리, 윗니, 윗목, 윗몸, 윗자리, 윗잇몸
　㉠ 된소리나 거센소리 앞에서는 '위-'로 한다.
　　　예 위쪽, 위층, 위치마, 위턱
　㉡ '아래, 위'의 대립이 없는 단어는 '웃-'으로 발음되
　　는 형태를 표준어로 삼는다.
　　　예 웃국, 웃돈, 웃비, 웃어른, 웃옷

⑩ 한자 '구(句)'가 붙어서 이루어진 단어는 '귀'로 읽는 것
　을 인정하지 아니하고, '구'로 통일한다.
　　예 구절(句節), 결구(結句), 경구(警句), 단구(短句), 대구
　　　(對句), 문구(文句), 어구(語句), 연구(聯句), 인용구(引
　　　用句), 절구(絕句)

　※ 다만, 다음 단어는 '귀'로 발음되는 형태를 표준어
　　로 삼는다.
　　　예 글귀, 귀글
⑪ 준말이 널리 쓰이고 본말이 잘 쓰이지 않는 경우에는,
　준말만을 표준어로 삼는다.
　　예 귀찮다, 똬리, 무, 뱀, 빔, 샘, 생쥐, 솔개, 온갖, 장
　　　사치
⑫ 준말이 쓰이고 있더라도, 본말이 널리 쓰이고 있으면
　본말을 표준어로 삼는다.
　　예 경황없다, 궁상떨다, 귀이개, 낌새, 낙인찍다, 돗자
　　　리, 뒤웅박, 마구잡이, 부스럼, 살얼음판, 수두룩하
　　　다, 일구다, 퇴박맞다
⑬ 어감의 차이를 나타내는 단어 또는 발음이 비슷한 단
　어들이 다 같이 널리 쓰이는 경우에는, 그 모두를 표
　준어로 삼는다.
　　예 거슴츠레하다 / 게슴츠레하다, 고린내 / 코린내, 꺼림
　　　하다 / 께름하다, 나부랭이 / 너부렁이
⑭ 사어(死語)가 되어 쓰이지 않게 된 단어는 고어로 처리
　하고, 현재 널리 사용되는 단어를 표준어로 삼는다.
　　예 난봉, 낭떠러지, 설거지하다, 애달프다, 자두
⑮ 한 가지 의미를 나타내는 형태 몇 가지가 널리 쓰이
　며 표준어 규정에 맞으면, 그 모두를 표준어로 삼는
　다(복수 표준어).
　　예 멍게 / 우렁쉥이, 가엾다 / 가엽다, 넝쿨 / 덩굴, 눈대
　　　중 / 눈어림 / 눈짐작, -뜨리다 / -트리다, 부침개질 /
　　　부침질 / 지짐질, 생 / 새앙 / 생강, 여쭈다 / 여쭙다,
　　　우레 / 천둥, 엿가락 / 엿가래, 자물쇠 / 자물통

(3) 표준 발음법

표준 발음법은 표준어의 실제 발음을 따르되, 국어의 전통성과 합리성을 고려하여 정함을 원칙으로 한다.

① 겹받침 'ㄳ', 'ㄵ', 'ㄼ, ㄽ, ㄾ', 'ㅄ'은 어말 또는 자음 앞에서 각각 [ㄱ, ㄴ, ㄹ, ㅂ]으로 발음한다.
> 예 넋[넉], 넋과[넉꽈], 앉다[안따], 여덟[여덜], 넓다[널따], 외곬[외골], 핥다[할따], 값[갑], 없다[업 : 따]

② '밟-'은 자음 앞에서 [밥]으로 발음하고, '넓-'은 다음과 같은 경우에 [넙]으로 발음한다.
> 예 밟다[밥 : 따], 밟는[밤 : 는], 넓죽하다[넙쭈카다], 넓둥글다[넙뚱글다]

③ 겹받침 'ㄺ', 'ㄻ', 'ㄿ'은 어말 또는 자음 앞에서 각각 [ㄱ, ㅁ, ㅂ]으로 발음한다.
> 예 닭[닥], 흙과[흑꽈], 맑다[막따], 늙지[늑찌], 삶[삼 :], 젊다[점 : 따], 읊고[읍꼬], 읊다[읍따]

④ 용언의 어간 말음 'ㄺ'은 'ㄱ' 앞에서 [ㄹ]로 발음한다.
> 예 맑게[말께], 묽고[물꼬], 얽거나[얼꺼나]

⑤ 'ㅎ(ㄶ, ㅀ)' 뒤에 'ㄱ, ㄷ, ㅈ'이 결합되는 경우에는, 뒤음절 첫소리와 합쳐서 [ㅋ, ㅌ, ㅊ]으로 발음한다.
> 예 놓고[노코], 좋던[조 : 턴], 쌓지[싸치], 많고[만 : 코], 닳지[달치]

⑥ 'ㅎ(ㄶ, ㅀ)' 뒤에 모음으로 시작된 어미나 접미사가 결합되는 경우에는, 'ㅎ'을 발음하지 않는다.
> 예 낳은[나은], 놓아[노아], 쌓이다[싸이다], 싫어도[시러도]

⑦ 받침 뒤에 모음 'ㅏ, ㅓ, ㅗ, ㅜ, ㅟ'들로 시작되는 실질 형태소가 연결되는 경우에는, 대표음으로 바꾸어서 뒤 음절 첫소리로 옮겨 발음한다.
> 예 밭 아래[바다래], 늪 앞[느밥], 젖어미[저더미], 맛없다[마덥따], 겉옷[거돋], 헛웃음[허두슴], 꽃 위[꼬뒤]
> ※ '맛있다, 멋있다'는 [마싣따], [머싣따]로도 발음할 수 있다.

⑧ 한글 자모의 이름은 그 받침소리를 연음하되, 'ㄷ, ㅈ, ㅊ, ㅋ, ㅌ, ㅍ, ㅎ'의 경우에는 특별히 다음과 같이 발음한다.
> 예 디귿이[디그시], 지읒이[지으시], 치읓이[치으시], 키읔이[키으기], 티읕이[티으시], 피읖이[피으비], 히읗이[히으시]

⑨ 받침 'ㄷ, ㅌ(ㄾ)'이 조사나 접미사의 모음 'ㅣ'와 결합되는 경우에는, [ㅈ, ㅊ]으로 바꾸어서 뒤 음절 첫소리로 옮겨 발음한다.
> 예 곧이듣다[고지듣따], 굳이[구지], 미닫이[미다지], 땀받이[땀바지]

⑩ 받침 'ㄱ(ㄲ, ㅋ, ㄳ, ㄺ), ㄷ(ㅅ, ㅆ, ㅈ, ㅊ, ㅌ, ㅎ), ㅂ(ㅍ, ㄼ, ㄿ, ㅄ)'은 'ㄴ, ㅁ' 앞에서 [ㅇ, ㄴ, ㅁ]으로 발음한다.
> 예 먹는[멍는], 국물[궁물], 깎는[깡는], 키읔만[키응만], 몫몫이[몽목씨], 긁는[긍는], 흙만[흥만], 짓는[진 : 는], 옷맵시[온맵씨], 맞는[만는], 젖멍울[전멍울], 쫓는[쫀는], 꽃망울[꼰망울], 놓는[논는], 잡는[잠는], 앞마당[암마당], 밟는[밤 : 는], 읊는[음는], 없는[엄 : 는]

⑪ 받침 'ㅁ, ㅇ' 뒤에 연결되는 'ㄹ'은 [ㄴ]으로 발음한다.
> 예 담력[담 : 녁], 침략[침냑], 강릉[강능], 대통령[대 : 통녕]

⑫ 'ㄴ'은 'ㄹ'의 앞이나 뒤에서 [ㄹ]로 발음한다.
> 예 난로[날 : 로], 신라[실라], 광한루[광 : 할루], 대관령[대 : 괄령], 칼날[칼랄]
> ※ 다만, 다음과 같은 단어들은 'ㄹ'을 [ㄴ]으로 발음한다.
> 예 의견란[의 : 견난], 임진란[임 : 진난], 생산량[생산냥], 결단력[결딴녁], 공권력[공꿘녁], 상견례[상견녜], 횡단로[횡단노], 이원론[이 : 원논], 입원료[이붠뇨]

⑬ 받침 'ㄱ(ㄲ, ㅋ, ㄳ, ㄺ), ㄷ(ㅅ, ㅆ, ㅈ, ㅊ, ㅌ), ㅂ(ㅍ, ㄼ, ㄿ, ㅄ)' 뒤에 연결되는 'ㄱ, ㄷ, ㅂ, ㅅ, ㅈ'은 된소리로 발음한다.
> 예 국밥[국빱], 깎다[깍따], 삯돈[삭똔], 닭장[닥짱], 옷고름[옫꼬름], 낯설다[낟썰다], 덮개[덥깨], 넓죽하다[넙쭈카다], 읊조리다[읍쪼리다], 값지다[갑찌다]

⑭ 어간 받침 'ㄴ(ㄵ), ㅁ(ㄻ)' 뒤에 결합되는 어미의 첫소리 'ㄱ, ㄷ, ㅅ, ㅈ'은 된소리로 발음한다.
> 예 신고[신 : 꼬], 껴안다[껴안따], 앉고[안꼬], 닮고[담 : 꼬], 젊지[점 : 찌]
> ※ 다만, 피동, 사동의 접미사 '-기-'는 된소리로 발음하지 않는다.
> 예 안기다, 감기다, 굶기다, 옮기다

⑮ 표기상으로는 사이시옷이 없더라도, 관형격 기능을 지니는 사이시옷이 있어야 할(휴지가 성립되는) 합성어의 경우에는, 뒤 단어의 첫소리 'ㄱ, ㄷ, ㅂ, ㅅ, ㅈ'을 된소리로 발음한다.

> 예 문고리[문꼬리], 눈동자[눈똥자], 산새[산쌔], 길가[길까], 강가[강까], 초승달[초승딸], 창살[창쌀]

⑯ 합성어 및 파생어에서, 앞 단어나 접두사의 끝이 자음이고 뒤 단어나 접미사의 첫음절이 '이, 야, 여, 요, 유'인 경우에는, 'ㄴ' 소리를 첨가하여 [니, 냐, 녀, 뇨, 뉴]로 발음한다.

> 예 솜이불[솜 : 니불], 막일[망닐], 삯일[상닐], 내복약[내 : 봉냑], 남존여비[남존녀비], 늑막염[능망념], 눈요기[눈뇨기], 식용유[시굥뉴]

> ※ 다만, 다음과 같은 말들은 'ㄴ' 소리를 첨가하여 발음하되, 표기대로 발음할 수 있다.

> > 예 이죽이죽[이중니죽 / 이주기죽], 야금야금[야금냐금 / 야그마금], 검열[검 : 녈 / 거 : 멸], 금융[금늉 / 그뮹]

⑤ 'ㄹ' 받침 뒤에 첨가되는 'ㄴ' 음은 [ㄹ]로 발음한다.

> 예 솔잎[솔립], 설익다[설릭따], 물약[물략], 유들유들[유들류들]

⑥ 두 단어를 이어서 한 마디로 발음하는 경우에도 이에 준한다.

> 예 옷 입다[온닙따], 서른여섯[서른녀섣], 3연대[삼년대], 먹은 엿[머근녇], 스물여섯[스물려섣], 1연대[일련대], 먹을 엿[머글렫]

> ※ 다만, 다음과 같은 단어에서는 'ㄴ(ㄹ)' 음을 첨가하여 발음하지 않는다.

> > 예 6ㆍ25[유기오], 3ㆍ1절[사밀쩔], 송별연[송 : 벼련], 등용문[등용문]

⑰ 사이시옷이 붙은 단어는 다음과 같이 발음한다.

> ㉠ 'ㄱ, ㄷ, ㅂ, ㅅ, ㅈ'으로 시작되는 단어 앞에 사이시옷이 올 때에는 이들 자음만을 된소리로 발음하는 것을 원칙으로 하되, 사이시옷을 [ㄷ]으로 발음하는 것도 허용한다.

> > 예 냇가[내 : 까 / 낻 : 까], 샛길[새 : 낄 / 샏 : 낄], 깃발[기빨 / 긷빨], 뱃전[배쩐 / 밷쩐]

> ㉡ 사이시옷 뒤에 'ㄴ, ㅁ'이 결합되는 경우에는 [ㄴ]으로 발음한다.

> > 예 콧날[콛날→콘날], 아랫니[아랟니→아랜니], 툇마루[퇻 : 마루→퇸 : 마루], 뱃머리[밷머리→밴머리]

> ㉢ 사이시옷 뒤에 '이' 음이 결합되는 경우에는 [ㄴㄴ]으로 발음한다.

> > 예 베갯잇[베갣닏→베갠닏], 깻잎[깯닙→깬닙], 나뭇잎[나묻닙→나문닙], 도리깻열[도리깯녈→도리깬녈], 뒷윷[뒫 : 뉻→뒨 : 뉻]

03. 외래어 표기법

(1) 외래어는 국어의 현용 24자모만으로 적는다.

(2) 외래어의 1음운은 원칙적으로 1기호로 적는다.

(3) 받침에는 'ㄱ, ㄴ, ㄹ, ㅁ, ㅂ, ㅅ, ㅇ'만을 쓴다.

(4) 파열음 표기에는 된소리를 쓰지 않는 것을 원칙으로 한다.

(5) 이미 굳어진 외래어는 관용을 존중하되, 그 범위와 용례는 따로 정한다.

04. 로마자 표기법

(1) 표기의 기본 원칙

① 국어의 로마자 표기는 국어의 표준 발음법에 따라 적는 것을 원칙으로 한다.

② 로마자 이외의 부호는 되도록 사용하지 않는다.

③ 표기 일람

⊙ 모음

• 단모음

ㅏ	ㅓ	ㅗ	ㅜ	ㅡ	ㅣ	ㅐ	ㅔ	ㅚ	ㅟ
a	eo	o	u	eu	i	ae	e	oe	wi

• 이중모음

ㅑ	ㅕ	ㅛ	ㅠ	ㅒ	ㅖ	ㅘ	ㅙ	ㅝ	ㅞ	ㅢ
ya	yeo	yo	yu	yae	ye	wa	wae	wo	we	ui

⊙ 자음

• 파열음

ㄱ	ㄲ	ㅋ	ㄷ	ㄸ	ㅌ	ㅂ	ㅃ	ㅍ
g, k	kk	k	d, t	tt	t	b, p	pp	p

• 파찰음

ㅈ	ㅉ	ㅊ
j	jj	ch

• 마찰음

ㅅ	ㅆ	ㅎ
s	ss	h

• 비음

ㄴ	ㅁ	ㅇ
n	m	ng

• 유음

ㄹ
r, l

(2) 로마자 표기 용례

① 자음 사이에서 동화 작용이 일어나는 경우

[예] 백마[뱅마] Baengma, 신문로[신문노] Sinmunno, 종로[종노] Jongno, 신라[실라] Silla, 왕십리[왕심니] Wangsimni

② 'ㄴ, ㄹ'이 덧나는 경우

[예] 학여울[항녀울] Hangnyeoul

③ 구개음화가 되는 경우

[예] 해돋이[해도지] haedoji, 같이[가치] gachi

④ 체언에서 'ㄱ, ㄷ, ㅂ' 뒤에 'ㅎ'이 따를 때에는 'ㅎ'을 밝혀 적는다.

[예] 묵호 Mukho, 집현전 Jiphyeonjeon

⑤ 된소리되기는 표기에 반영하지 않는다.

[예] 압구정 Apgujeong, 샛별 saetbyeol, 울산 Ulsan, 낙성대 Nakseongdae, 합정 Hapjeong, 낙동강 Nakdonggang

⑥ 인명은 성과 이름의 순서로 띄어 쓴다. 이름은 붙여 쓰는 것을 원칙으로 하되 음절 사이에 붙임표(-)를 쓰는 것을 허용한다(⟨ ⟩안의 표기를 허용함).

[예] 민용하 Min Yongha ⟨Min Yong-ha⟩, 송나리 Song Nari ⟨Song Na-ri⟩

⑦ '도, 시, 군, 구, 읍, 면, 리, 동'의 행정 구역 단위와 '가'는 각각 'do, si, gun, gu, eup, myeon, ri, dong, ga'로 적고, 그 앞에는 붙임표(-)를 넣는다. 붙임표(-) 앞뒤에서 일어나는 음운 변화는 표기에 반영하지 않는다.

[예] 양주군 Yangju-gun, 충청북도 Chungcheongbuk-do, 종로 2가 Jongno 2(i)-ga, 도봉구 Dobong-gu

⑧ 자연 지물명, 문화재명, 인공 축조물명은 붙임표(-) 없이 붙여 쓴다.

[예] 독도 Dokdo, 경복궁 Gyeongbokgung, 독립문 Dongnimmun, 현충사 Hyeonchungsa, 남산 Namsan, 속리산 Songnisan, 금강 Geumgang, 남한산성 Namhansanseong

(1) 주체 높임법

용언 어간 + 선어말 어미 '-시-'의 형태로 이루어져 서술어가 나타내는 행위의 주체를 높여 표현하는 문법 기능을 말한다. 예 선생님께서 그 책을 읽으셨(시었)다.

(2) 객체 높임법

말하는 이가 서술의 객체를 높여 표현하는 문법 기능을 말한다(드리다, 여쭙다, 뵙다, 모시다 등).
예 나는 그 책을 선생님께 드렸다.

(3) 상대 높임법

말하는 이가 말을 듣는 상대를 높여 표현하는 문법 기능을 말한다.

① 격식체

등급	높임 정도	종결 어미	예
해라체	아주 낮춤	-아라	여기에 앉아라.
하게체	예사 낮춤	-게	여기에 앉게.
하오체	예사 높임	-시오	여기에 앉으시오.
합쇼체	아주 높임	-ㅂ시오	여기에 앉으십시오.

② 비격식체

등급	높임 정도	종결 어미	예
해체	두루 낮춤	-아	여기에 앉아.
해요체	두루 높임	-아요	여기에 앉아요.

※ 공손한 뜻으로 높임을 나타낼 때는 선어말 어미 '-오-', '-사오-' 등을 쓴다.
예 변변치 못하오나 선물을 보내 드리오니 받아 주십시오.

---

02 수리력

1 응용계산

01. 확률

(1) 경우의 수

① 한 사건 A가 a가지 방법으로 일어나고 다른 사건 B가 b가지 방법으로 일어난다.

㉠ 사건 A, B가 동시에 일어난다 : 동시에 일어나는 경우가 C가지 있을 때 경우의 수는 $a+b-c$가지이다.

㉡ 사건 A, B가 동시에 일어나지 않는다 : 경우의 수는 $a+b$가지이다.

② 한 사건 A가 a가지 방법으로 일어나며 일어난 각각에 대하여 다른 사건 B가 b가지 방법으로 일어날 때 A, B 동시에 일어나는 경우의 수는 $a \times b$가지이다.

(2) 조합

① 조합의 수 … 서로 다른 n개에서 순서를 고려치 않고 r개를 택할 경우 이 r개로 이루어진 각각의 집합을 말한다.

$$_nC_r = \frac{_nP_r}{r!} = \frac{n!}{r!(n-r)!},\ _nC_r = {_nC_{n-r}}(n \geq r),\ _nC_0 = 1$$

② 중복조합 … 서로 다른 n개에서 중복을 허락하여 r개를 택하는 조합이다.

$$_nH_r = {_{n+r-1}C_r}$$

(3) 순열

① 순열의 수⋯ 서로 다른 n개에서 r개를 택하여 순서 있게 늘어놓는 것이다.

   ㉠ $_nP_r = \underbrace{n(n-1)(n-2) \times \cdots \times (n-r+1)}_{r\,\text{개}}$ (단, $0 \le r \le n$)

   ㉡ $_nP_r = \dfrac{n!}{(n-r)!}$,

      $0! = 1$, $_nP_0 = 1$, $_nP_n = n!$, $n! = n(n-1) \times \cdots \times 3 \times 2 \times 1$

② 중복순열⋯ 서로 다른 n개에서 중복을 허용하고 r개를 택하여 일렬로 배열한 것이다. $_n\Pi_r = n^r$

③ 원순열⋯ 서로 다른 n개의 원소를 원형으로 배열하는 방법의 수는 $(n-1)!$, 뒤집어 놓을 수 있는 원순열의 수는 $\dfrac{1}{2}(n-1)!$

(4) 확률

사건 A가 일어날 수학적 확률을 $P(A)$라 하면

$$P(A) = \frac{A\text{에 속하는 근원사건의 개수}}{\text{근원사건의 총 개수}}$$

임의의 사건 A, 전사건 S, 공사건 ϕ라면

$0 \le P(A) \le 1$, $P(S) = 1$, $P(\phi) = 0$

02. 나이 · 금액 · 업무량 계산

부모와 자식, 형제간의 나이를 계산하는 비례식 문제, 집합과 방정식을 이용한 인원 수, 동물의 수, 사물의 수를 구하는 문제 등이 출제된다.

(1) 나이 계산

① 문제에 나오는 사람의 나이는 같은 수만큼 증감한다.

② 모든 사람의 나이 차이는 바뀌지 않으며 같은 차이만큼 나이가 바뀐다.

(2) 금액 계산

총액 / 잔액 지불하는 상대 등의 관계를 정확히 하여 문제를 잘 읽고, 대차 등의 관계를 파악한다.

① 정가 = 원가 + 이익 = 원가(원가 × 이율)

② 원가 = 정가 × (1−할인율)

③ x원에서 y원을 할인한 할인율 =

   $\dfrac{y}{x} \times 100 = \dfrac{100y}{x}(\%)$

④ x원에서 $y\%$ 할인한 가격 = $x \times \left(1 - \dfrac{y}{100}\right)$

⑤ 단리 · 복리 계산

   원금 : x, 이율 : y, 기간 : n, 원리금 합계 : S라고 할 때

   ㉠ 단리 : $S = a(1+rn)$

   ㉡ 복리 : $S = a(1+r)^n$

(3) 손익 계산

① 이익이 원가의 20%인 경우⋯ 원가 × 0.2

② 정가가 원가의 20% 할증(20% 증가)의 경우⋯ 원가 × (1 + 0.2)

③ 매가가 정가의 20% 할인(20% 감소)의 경우⋯ 정가 × (1 − 0.2)

(4) 업무량 계산

① 인원수 × 시간 × 일수 = 전체 업무량

② 일한 시간 × 개인의 시간당 능력 = 제품 생산개수

03. 시간 · 거리 · 속도 계산

(1) 날짜, 시계 계산

① 1일 = 24시간 = 1,440분 = 86,400초

② 날짜와 요일 문제는 나머지를 이용하여 계산한다.

③ 분침에서 1분의 각도는 $360° ÷ 60 = 6°$

④ 시침에서 1시간의 각도는 $360° ÷ 12 = 30°$

⑤ 1시간 각도에서 시침의 분당 각도는 $30° ÷ 60 = 0.5°$

(2) 시간 · 거리 · 속도

① 거리 = 속도 × 시간

② 시간 = $\dfrac{거리}{속도}$

③ 속도 = $\dfrac{거리}{시간}$

  ㉠ 속도를 v, 시간을 t, 거리를 s로 하면

 ※ 거리는 반드시 분자로 둘 것

  ㉡ 속도 · 시간 · 거리의 관계를 명확히 하며, '단위'를 착각하지 않도록 주의한다.

(3) 물의 흐름

① 강 흐름의 속도 = (내리막의 속도 − 오르막의 속도) ÷ 2

② 오르막과 내리막의 흐르는 속도의 차이에 주목한다.

③ 오르막은 강의 흐름에 역행이므로 '배의 속도 − 강의 흐름'이며 내리막은 강의 흐름이 더해지므로 '배의 속도 + 강의 흐름'이 된다.

(4) 열차의 통과

① 열차의 이동거리는, '목적물 + 열차의 길이'가 된다.

② 열차가 통과한다는 것은, 선두부터 맨 끝까지 통과하는 것이다.

③ 속도 · 시간 · 거리의 단위를 일치 시킨다(모두 m와 초(秒) 등으로 통일시켜 계산 한다).

④ 기차가 이동한 거리는 철교의 길이와 기차의 길이를 더한 것과 같다.

04. 나무심기

(1) 직선위의 나무의 수는 최초에 심는 한 그루를 더하여 계산한다.

(2) 네 방향으로 심을 때는 반드시 네 모퉁이에 심어지도록 간격을 정한다.

(3) 주위를 둘러싸면서 나무를 심을 경우에는 가로와 세로의 최대공약수가 나무사이의 간격이 된다.

05. 농도계산

(1) 식염의 양을 구한 후에 농도를 계산한다.

(2) 식염의 양(g) = 농도(%) × 식염수의 양(g) ÷ 100

(3) 구하는 농도 = $\dfrac{식염① × 100(\%)}{식염 + 물(= 식염수)}$ (%)

① 식염수에 물을 더할 경우 … 분모에 $(+xg)$의 식을 추가한다.

② 식염수에서 물을 증발시킬 경우 … 분모에 $(-xg)$을 추가한다.

③ 식염수에 식염을 더한 경우 … 분모, 분자 각각에 $(+xg)$을 추가한다.

2 자료해석

01. 자료해석 문제 유형

(1) 자료읽기 및 독해력

제시된 표나 그래프 등을 보고 표면적으로 제공하는 정보를 정확하게 읽어내는 능력을 확인하는 문제가 출제된다. 특별한 계산을 하지 않아도 자료에 대한 정확한 이해를 바탕으로 정답을 찾을 수 있다.

(2) 자료 이해 및 단순계산

문제가 요구하는 것을 찾아 자료의 어떤 부분을 갖고 그 문제를 해결해야 하는지를 파악할 수 있는 능력을 확인한다. 문제가 무엇을 요구하는지 자료를 잘 이해해서 사칙연산부터 나오는 숫자의 의미를 알아야 한다. 계산 자체는 단순한 것이 많지만 소수점의 위치 등에 유의한다. 자료 해석 문제는 무엇보다도 꼼꼼함을 요구한다. 숫자나 비율 등을 정확하게 확인하고, 이에 맞는 식을 도출해서 문제를 푸는 연습과 표를 보고 정확하게 해석할 수 있는 연습이 필요하다.

(3) 응용계산 및 자료추리

자료에 주어진 정보를 응용하여 관련된 다른 정보를 도출하는 능력을 확인하는 유형으로 각 자료의 변수의 관련성을 파악하여 문제를 풀어야 한다. 하나의 자료만을 제시하지 않고 두 개 이상의 자료가 제시한 후 각 자료의 특성을 정확히 이해하여 하나의 자료에서 도출한 내용을 바탕으로 다른 자료를 이용해서 문제를 해결하는 유형도 출제된다.

02. 대표적인 자료해석 문제 해결 공식

(1) 증감률

① 전년도 매출 … P

② 올해 매출 … N

③ 전년도 대비 증감률 … $\dfrac{N-P}{P} \times 100$

(2) 비례식

① 비교하는 양 : 기준량 = 비교하는 양 : 기준량

② 전항 : 후항 = 전항 : 후항

③ 외항 : 내항 = 내항 : 외항

(3) 백분율

$$비율 \times 100 = \dfrac{비교하는\ 양}{기준량} \times 100$$

예 아래의 표는 어느 학교의 운동부에 소속된 20명의 키에 대한 도수분포표이다.

등급(cm)	등급값 (cm)	도수(명)	등급값 × 도수
145 이상~150 미만	147.5	ⓐ	295.0
150~155	152.5	ⓑ	ⓒ
155~160	157.5	4	630.0
160~165	162.5	5	812.5
165~170	ⓔ	3	502.5
170~175	172.5	2	345.0
175~180	177.5	1	177.5
계	1137.5	20	ⓓ

(1) ⓑ의 값은 얼마인가?
(2) ⓓ의 값은 얼마인가?
(3) 이 표에서 구해지는 평균 신장의 추정치는 얼마인가?

(4) 이 표를 작성한 후에, 170~175의 등급에 해당하는 사람이 몇 명 들어와서, 전체 평균 신장의 측정치를 다시 계산하였더니 1.5cm 높아졌다. 새로 들어온 사람은 몇 명인가?

⇨ 계산을 신속히 처리하는 능력이 필요하며 또한 착오를 일으키기 쉬운 상황이므로 정확성을 갖는 것이 중요하다. ⓐ~ⓔ의 기호를 이해한다.

ⓐ : $295.0 \div 147.5 = 2$

ⓑ : $20 - (2 + 4 + 5 + 3 + 2 + 1) = 3$

ⓒ : $152.5 \times 3 = 457.5$

ⓓ : $295.0 + 457.5 + 630.0 + 812.5 + 502.5$
$+ 345.0 + 177.5 = 3220.0$

ⓔ : 165와 170의 사이의 숫자이므로 167.5

(3)은 '평균 신장의 추정치 = (등급값 × 도수의 합계) ÷ 도수의 합계'로 구할 수 있다.

(4)는 x명을 추가로 넣었다고 한다면, '등급값 × 도수'의 합계가, '$3220.0 + 172.5x$', 도수의 합계가, '$20+x$'가 된다. 다시 계산하면 '(3)의 값 +1.5'가 된다고 생각하여 식을 만든다.

▶ (1) 3 (2) 3220.0 (3) 161cm (4) 3명

1 언어추리

01. 명제

(1) 명제

참, 거짓을 판별할 수 있는 문장이나 식

(2) 조건문

조건문 'P이면 Q이다'에서 P는 가정에 해당하고 Q는 결론에 해당한다.

(3) 역, 이, 대우

① 역 … 명제의 가정과 결론을 서로 바꾼 명제와 원명제와의 관계

$P \rightarrow Q \leftrightarrow Q \rightarrow P$

② 이 … 명제의 가정과 결론을 부정한 명제와 원명제와의 관계

$P \rightarrow Q \leftrightarrow \sim P \rightarrow \sim Q$

③ 대우 … 가정과 결론을 모두 부정하여 서로의 위치를 바꾼 명제와 원명제와의 관계. 원명제와 대우관계인 명제의 참 거짓은 항상 일치한다. 역, 이 관계에 있는 명제는 원명제의 참, 거짓과 항상 일치하지는 않는다.

$$P \rightarrow Q \leftrightarrow \sim Q \rightarrow \sim P$$

02. 여러 가지 추론

(1) 연역추론

① 직접추론 ··· 한 개의 전제에서 새로운 결론을 이끌어 내는 추론이다.

② 간접추론 ··· 두 개 이상의 전제에서 새로운 결론을 이끌어 내는 추론이다.

　㉠ 정언삼단논법 : '모든 A는 B다', 'C는 A다', '따라서 C는 B다'와 같은 형식으로 일반적인 삼단논법이다.

　　예 • 대전제 : 인간은 모두 죽는다.
　　　 • 소전제 : 소크라테스는 인간이다.
　　　 • 결론 : 소크라테스는 죽는다.

　㉡ 가언삼단논법 : '만일 A라면 B다', 'A이다', '그러므로 B다'라는 형식의 논법이다.

　　예 • 대전제 : 봄이 오면 뒷 산에 개나리가 핀다.
　　　 • 소전제 : 봄이 왔다.
　　　 • 결론 : 그러므로 뒷 산에 개나리가 핀다.

　㉢ 선언삼단논법 : 'A거나 B이다'라는 형식의 논법이다.

　　예 • 대전제 : 내일은 눈이 오거나 바람이 분다.
　　　 • 소전제 : 내일은 눈이 오지 않는다.
　　　 • 결론 : 그러므로 내일은 바람이 분다.

(2) 귀납추론

특수한 사실로부터 일반적이고 보편적인 법칙을 찾아내는 추론 방법이다.

① 통계적 귀납추론 ··· 어떤 집합의 구성 요소의 일부를 관찰하고 그것을 근거로 하여 같은 종류의 모든 대상들에게 그 속성이 있을 것이라는 결론을 도출하는 방법이다.

② 인과적 귀납추론 ··· 어떤 일의 결과나 원인을 과학적 지식이나 상식에 의거하여 밝혀내는 방법이다.

③ 완전 귀납추론 ··· 관찰하고자 하는 집합의 전체 원소를 빠짐없이 관찰함으로써 그 공통점을 결론으로 이끌어 내는 방법이다.

④ 유비추론 ··· 두 개의 현상에서 일련의 요소가 동일하다는 사실을 바탕으로 그것들의 나머지 요소도 동일하리라고 추측하는 방법이다.

03. 논리적 오류

(1) 자료적 오류

주장의 전제 또는 논거가 되는 자료를 잘못 판단하여 결론을 이끌어 내거나 원래 적합하지 못한 것임을 알면서도 의도적으로 논거로 삼음으로써 범하게 되는 오류이다.

① 성급한 일반화의 오류 ··· 제한된 정보, 불충분한 자료, 대표성을 결여한 사례 등 특수한 경우를 근거로 하여 이를 성급하게 일반화하는 오류이다.

② 우연의 오류(원칙 혼동의 오류) ··· 일반적으로 그렇다고 해서 특수한 경우에도 그러할 것이라고 잘못 생각하는 오류이다.

③ 무지에의 호소 ··· 어떤 주장이 반증된 적이 없다는 이유로 받아들여져야 한다고 주장하거나, 결론이 증명된 것이 없다는 이유로 거절되어야 한다고 주장하는 오류이다.

④ 잘못된 유추의 오류 ··· 부당하게 적용된 유추에 의해 잘못된 결론을 이끌어 내는 오류, 즉 일부분이 비슷하다고 해서 나머지도 비슷할 것이라고 생각하는 오류이다.

⑤ 흑백논리의 오류 ··· 어떤 주장에 대해 선택 가능성이 두 가지밖에 없다고 생각함으로써 발생하는 오류이다.

⑥ 원인 오판의 오류(거짓 원인을 내세우는 오류, 선후 인과의 오류, 잘못된 인과 관계의 오류) ··· 단순히 시간상의 선후관계만 있을 뿐인데 시간상 앞선 것을 뒤에 발생한 사건의 원인으로 보거나 시간상 뒤에 발생한 것을 앞의 사건의 결과라고 보는 오류이다.

⑦ 복합질문의 오류 ··· 둘 이상으로 나누어야 할 것을 하나로 묶어 질문함으로써, 대답 여하에 관계없이 대답하는 사람이 수긍할 수 없거나 수긍하고 싶지 않은 것까지도 수긍하는 결과를 가져오는 질문 때문에 발생하는 오류이다.

⑧ 논점 일탈의 오류 ··· 원래의 논점에 관한 결론을 내리지 않고 이와 관계없는 새로운 논점을 제시하여 엉뚱한 결론에 이르게 되는 오류이다.

⑨ 순환 논증의 오류(선결 문제 해결의 오류) ··· 논증하는 주장과 동의어에 불과한 명제를 논거로 삼을 때 범하는 오류이다.

⑩ 의도 확대의 오류 ··· 의도하지 않은 행위의 결과를 의도가 있었다고 판단할 때 생기는 오류이다.

(2) 언어적 오류

언어를 잘못 사용하거나 잘못 이해하는 데서 발생하는 오류이다.

① 애매어의 오류 ··· 두 가지 이상의 의미로 사용될 수 있는 단어의 의미를 명백히 분리하여 파악하지 않고 혼동함으로써 생기는 오류이다.

② 강조의 오류 ··· 문장의 한 부분을 불필요하게 강조함으로써 발생하는 오류이다.

③ 은밀한 재정의의 오류 ··· 용어의 의미를 자의적으로 재정의하여 사용함으로써 생기는 오류이다.

④ 범주 혼동의 오류 ··· 서로 다른 범주에 속한 것을 같은 범주의 것으로 혼동하는 데서 생기는 오류이다.

⑤ '이다' 혼동의 오류 : 비유적으로 쓰인 표현을 무시하고 사전적 의미로 해석하거나 술어적인 '이다'와 동일성의 '이다'를 혼동해서 생기는 오류이다.

(3) 심리적 오류

어떤 주장에 대해 논리적으로 타당한 근거를 제시하지 않고 심리적인 면에 기대어 상대방을 설득하려고 할 때 발생하는 오류이다.

① 인신공격의 오류(사람에의 논증) ··· 논거의 부당성을 지적하기보다 그 주장을 한 사람의 인품이나 성격을 비난함으로서 그 주장이 잘못이라고 하는 데서 발생하는 오류이다.

② 동정에 호소하는 오류 ··· 사람의 동정심을 유발시켜 동의를 꾀할 때 발생하는 오류이다.

③ 피장파장의 오류(역공격의 오류) ··· 비판받은 내용이 비판하는 사람에게도 역시 동일하게 적용됨을 근거로 비판에서 벗어나려는 오류이다.

④ 힘에 호소하는 오류 ··· 물리적 힘을 빌어서 논의의 종결을 꾀할 때의 오류이다.

⑤ 대중에 호소하는 오류 … 군중들의 감정을 자극해서 사람들이 자기의 결론에 동조하도록 시도하는 오류이다.

⑥ 원천 봉쇄에 호소하는 오류(우물에 독 뿌리기 식의 오류) … 반론의 가능성이 있는 요소를 원천적으로 비난하여 봉쇄하는 오류이다.

⑦ 정황적 논증의 오류 … 주장이 참인가 거짓인가 하는 문제는 무시한 채 상대방이 처한 정황 또는 상황으로 보아 자기의 생각을 받아들이지 않으면 안된다고 주장하는 오류이다.

2 수열추리

01. 여러 가지 수열

(1) 등차수열

첫째항부터 일정한 수를 더하여 다음 항이 얻어지는 수열이다.

일반항 $a_n = 2n - 1$

예
$$\underset{+2\quad+2\quad+2\quad+2\quad+2}{2\quad 4\quad 6\quad 8\quad 10\quad 12}$$

(2) 등비수열

첫째항부터 일정한 수를 곱해 다음 항이 얻어지는 수열이다.

일반항 $a_n = 2^{n-1}$

예
$$\underset{\times2\quad\times2\quad\times2\quad\times2\quad\times2}{1\quad 2\quad 4\quad 8\quad 16\quad 32}$$

(3) 계차수열

수열 a_n의 이웃한 두 항의 차로 이루어진 수열 b_n이 있을 때, 수열 a_n에 대하여 $a_{n+1} - a_n = b_n (n = 1, 2, 3, \cdots)$을 만족하는 수열 b_n을 수열 a_n의 계차수열이라 한다.

예
$$\underset{+2\quad+2\quad+2\quad+2}{\underset{+2\quad+4\quad+6\quad+8\quad+10}{3\quad 5\quad 9\quad 15\quad 23\quad 33}}$$

(4) 조화수열

분수의 형태로 취하고 있던 수열의 역수를 취하면 등차수열이 되는 수열이다.

일반항 $a_n = \dfrac{1}{2n-1}$

예 $1 \quad \dfrac{1}{3} \quad \dfrac{1}{5} \quad \dfrac{1}{7} \quad \dfrac{1}{9} \quad \dfrac{1}{11}$

(5) 피보나치수열

앞의 두 항의 합이 다음 항이 되는 수열이다.

예 $1 \quad 1 \quad \dfrac{2}{1+1} \quad \dfrac{3}{1+2} \quad \dfrac{5}{2+3} \quad \dfrac{8}{3+5} \quad \dfrac{13}{5+8}$

(6) 군수열

일정한 규칙성으로 몇 항씩 묶어서 나눈 수열이다.

예 1 1 3 1 3 5 1 3 5 7 1 3 5 7 9
⇨ (1) (1 3) (1 3 5) (1 3 5 7) (1 3 5 7 9)

(7) 묶음형 수열

수열이 몇 개씩 묶어서 제시되어 묶음에 대한 규칙을 빠르게 찾아내야 한다.

예 1 2 3   3 4 7   5 6 11
   1+2=3   3+4=7   5+6=11

02. 문자 수열

숫자 대신 문자가 나오며 문자의 나열에서 +, −, ×, ÷를 사용하여 일정한 규칙을 찾아 빈칸에 나올 수를 추리하는 유형으로 수열추리와 똑같이 생각하고 풀면 된다.

03. 도형 수열

표, 원이나 삼각형 등의 도형 주위에 숫자가 배열된 형태로 직선 수열과 똑같이 해결하면 된다. 시계방향, 시계 반대 방향, 마주보는 방향, 대칭 등의 형태가 있다.

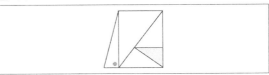
03   공간지각력

01. 도형추리

(1) 같거나 다른 모양의 도형을 찾는 문제

예 다음 제시된 도형과 다른 것을 고르면?

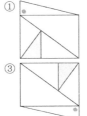

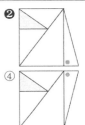

⇨ ② 그림을 제시된 도형과 같은 위치로 돌려보면 오른쪽과 같은 모양이 된다.
왼쪽 삼각형의 모양이 다른 것을 알 수 있다.
① 제시된 그림을 오른쪽으로 90° 회전시킨 모양이다.
③ 제시된 그림을 왼쪽으로 90° 회전시킨 모양이다.
④ 제시된 그림을 180° 회전시킨 모양이다.

(2) 회전한 도형의 모양을 찾는 문제

예 다음 그림 중에서 회전시켰을 때 서로 일치하는 도형을 고르면?

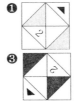

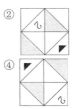

⇨ ② ▲의 모양이 다르다.
④ 2의 위치가 다르다.

22

02. 블록개수

(1) 전체 블록을 보여주고 개수를 찾는 문제

① 정사각형 모양의 블록의 개수는 가로 개수×세로 개수 ×높이 개수의 공식을 이용하여 찾는다.

② 불규칙적으로 쌓여 있는 경우 보이지 않는 곳의 개수 까지 잘 살펴본다.

③ 쌓여있는 블록을 빈 곳에 옮겨서 구하는 방법을 이용 할 수 있다.

④ 블록이 쌓여 있는 곳의 아랫부분은 빈 공간이 될 수 없다.

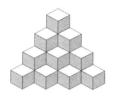

⇨ 맨 윗줄 : 1개
두 번째 줄 : 3개
세 번째 줄 : 6개
맨 아래 줄 : 10개
1+3+6+10 = 20(개)

(2) 앞·뒤·옆 블록의 모양을 보여주고 개수를 찾는 문제

① 앞·뒤·옆의 블록 모양을 통해 전체적인 블록의 모 양을 유추한다.

② 공통적인 부분의 블록의 개수는 제외한다.

　　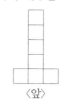　　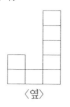

〈위〉　　　　〈앞〉　　　　〈옆〉

⇨ 입체적으로 생각해보면 쌓기나무의 모양은 오른쪽 과 같은 모양이 된다.
필요한 쌓기나무의 개수는 모두 10개이다.

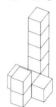

03. 전개도

(1) 기본적인 전개도의 모양

이름	입체도형	전개도
정사면체		
정육면체		
정팔면체		
정십이면체		

(2) 전개도 문제 유형

① 도형을 제시하고 전개도의 모양을 찾는 문제

예 다음 입체도형의 전개도로 옳은 것을 고르면?

❶   ②

③    ④

⇨ 전개도의 맞닿는 면을 잘 살펴보면 다음과 같다.

② 전개도를 통해 도형을 찾는 문제

예 다음 전개도를 접었을 때 만들어질 도형으로 올바른 것은?

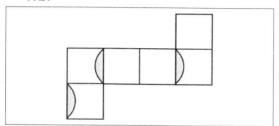

❶ 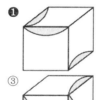   ②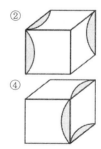

③   ④

⇨ 전개도의 맞닿는 면을 잘 살펴보면 다음과 같다.

③번의 경우 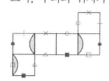 모양이 된다면 답이 될 수 있었으나, 무늬의 위치가 틀려 오답이다.

04. 회전체

(1) 동일한 전개도로 만들 수 있는(없는) 회전체 찾기

예 다음 중 동일한 전개도로 만들 수 없는 것은?

①    ②

❸    ④

⇨ 회전체 맨 아랫부분의 길이가 다르다.

(2) 축을 중심으로 회전시켰을 때의 회전체 찾기

예 상자 안의 도형을 제시된 축을 중심으로 회전시켰을 때 생기는 입체의 모양은?

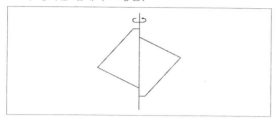

❶

②

③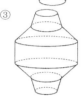

④

⇨ 회전축을 중심으로 두 도형이 서로 어긋난 모양으로 만나고 있다. 맨 위와 맨 아래는 원기둥의 모양이 만들어지게 되며, 옆면은 뾰족한 부분과 들어간 부분이 생기게 된다. ②번은 위아래에 원기둥의 모양이 생기지 않았기 때문에 오답이다.

05. 펀칭

(1) 펀칭문제 해결

① 종이의 접힌 면을 잘 살펴본다.

② 접힌 면을 중심으로 펀칭구멍이 대칭으로 생긴다는 것을 염두한다.

③ 펀칭 순서를 역으로 추리해나간다.

(2) 대표적인 문제 유형

예 다음 그림과 같이 화살표 방향으로 종이를 접은 후, 펀치로 구멍을 뚫어 다시 펼친 그림은?

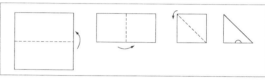

❶

②

③

④

⇨ 역으로 순서를 유추해보면 다음 그림과 같다. 접힌 면을 항상 염두해야 한다.

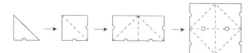

06. 절단면

(1) 절단면 구하기

① 원기둥은 밑면과 수직이 되도록 세로로 자르면 절단면은 직사각형 또는 정사각형이 된다.

② 원기둥을 밑면과 평행하도록 자르면 절단면은 원이 된다.

③ 원기둥을 비스듬하게 자르면 절단면은 타원형의 모습이 된다.

④ 구를 중심을 지나도록 단면으로 자르면 절단면은 원이 된다.

⑤ 구를 중심을 지나지 않는 단면으로 자르면 절단면은 타원이 된다.

(2) 절단면을 찾는 문제의 경우 도형을 여러 가지로 잘랐을 때 모양을 잘 유추해보아야 한다. 아래와 같은 문제를 보자.

예 다음 입체도형을 평면으로 잘랐을 때 생기는 단면의 모양이 아닌 것은?

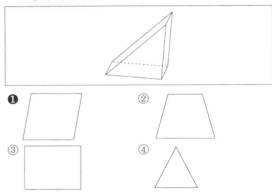

❶
②
③
④

⇨ 도형은 여러 가지 모양으로 자를 수 있는데 아래의 그림처럼 각각 ②로 자르면 사다리꼴 모양, ③으로 자르면 직사각형 모양, ④로 자르면 삼각형 모양이 나오게 된다.

②
③
④

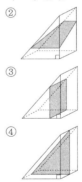

05 관찰탐구력

1 기호 · 문자 · 숫자 비교

숫자 · 문자 · 기호 등을 불규칙하게 나열해 놓고 좌우를 비교하는 유형이다. 시각적인 차이점을 정확히 찾아내는 능력을 파악하며, 비교적 간단한 문제들이 출제된다. 그러나 빠르게 찾아낼 수 있는 집중력이 더욱 필요한 파트이다. 한글, 알파벳, 로마자, 세 자리 숫자, 전각기호 등이 나왔고, 아랍어도 출제되었다. 사전에 비슷한 유형의 문제를 풀어보는 것이 중요하며 가장 직관적으로 접해야 하는 파트이다. 전체적인 것을 보고 문제를 해결하려고 하지 말고, 특징적인 부분을 파악하여 해결하는 연습을 하면 빠른 시간 안에 풀수 있다.

2 특정 문자 · 숫자 · 기호 찾기

큰 지문에 다양한 문자 · 숫자 · 기호들을 섞어놓고 문제에서 제시한 문자 · 숫자 · 기호를 지문 안에서 찾는 유형이다.

① 제시되지 않은 문자 또는 모형 고르기

② 제시된 문자 또는 기호가 모두 몇 번 제시되었는지 개수 찾기